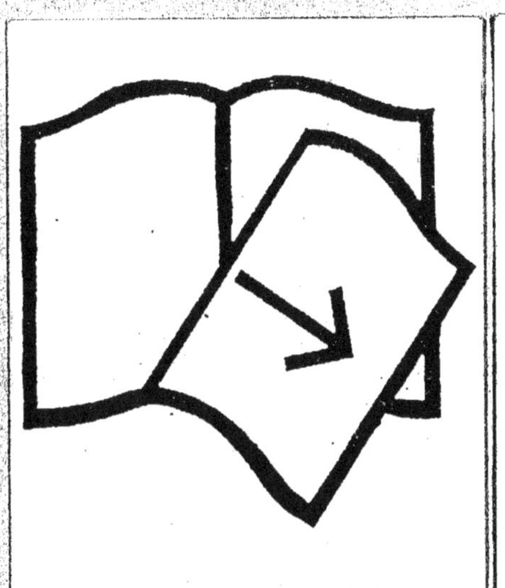

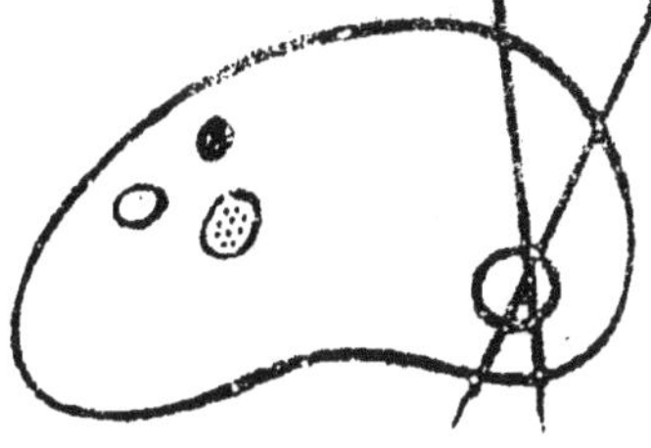

Début d'une série de documents
en couleur

LA VOYANTE

BLANCHE VAUBARON

PAR

XAVIER DE MONTÉPIN

TOME SECOND

PARIS, E. DENTU, ÉDITEUR

PALAIS-ROYAL, 15-17-19, GALERIE D'ORLÉANS

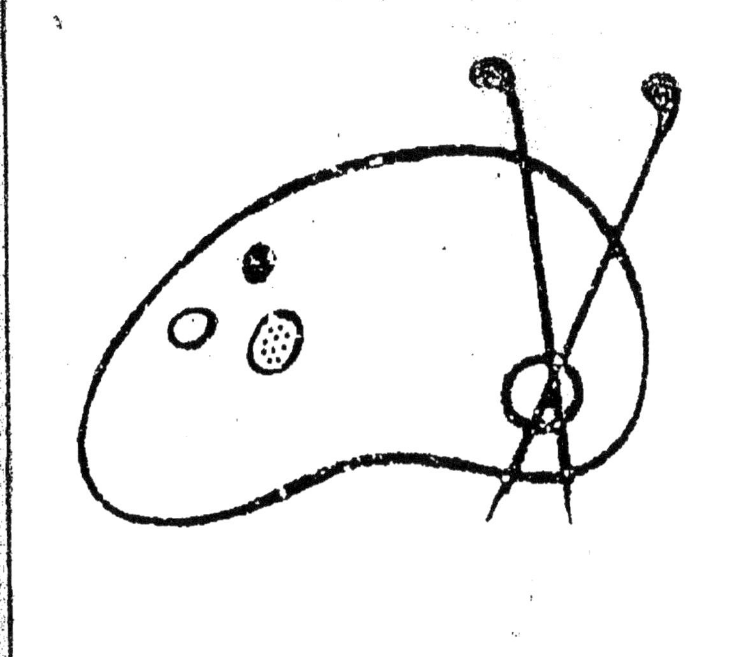

Fin d'une série de documents
en couleur

BLANCHE VAUBARON

LIBRAIRIE DE E. DENTU, ÉDITEUR

OUVRAGES DU MÊME AUTEUR

Collection grand in-18 jésus à 3 francs le volume

	vol.
Le Mari de Marguerite (14e édit.)	3
Les Tragédies de Paris (7e édit.)	4
La vicomtesse Germaine (7e édit.)	3
Le Bigame (6e édit.)	2
La Maîtresse du Mari (5e édit.)	1
Le Secret de la Comtesse (5e édit.)	2
La Sorcière Rouge (4e édit.)	3
Le Ventriloque (4e édit.)	3
Une Passion (4e édit.)	1
La Bâtarde (3e édit.)	2
La Débutante (3e édit.)	1
Deux Amies de Saint-Denis (4e édition)	1
Sa Majesté l'Argent (6e édit.)	5
Les Maris de Valentine (3e édit.)	2
La Veuve du Caissier (3e édit.)	2
La Marquise Castella (3e édit.)	2
Une Dame de Pique (3e édit.)	2
Le Médecin des Folles (4e édit.)	5
Le Chalet des Lilas (3e édit.)	2
Le Parc aux Biches (3e édit.)	2
Les Filles de Bronze (4e édit.)	5
Le Fiacre N° 13 (4e édit.)	4
Jean-Jeudi (3e édit.)	2
La Baladine (3e édit.)	2
Les Amours d'Olivier (3e édit.)	2
Son Altesse l'Amour (4e édit.)	6
La Maîtresse masquée (3e édit.)	2
La Fille de Marguerite (3e édit.)	6
Madame de Trèves (3e édit.)	2
Les Pantins de Madame le Diable (3e édition)	2
La Maison des Mystères (3e édit.)	2
Un Drame à la Salpêtrière (3e édit.)	2
Simone et Marie (3e édit.)	2
L'Œil de Chat (3e édit.)	2
Le Fils (3e édit.)	2
Le dernier duc d'Hallali (3e édit.)	4
Le Secret du Titan (3e édit.)	2
La Demoiselle de compagnie (3e édition)	4
Les Amours de Province (3e édit.)	3
La Porteuse de pain (3e édit.)	6
L'Entremetteuse (3e édit.)	1
Le Rastaquouère (3e édit.)	1
Paméla (des Variétés) (3e édit.)	1
Madame de Franc-Boisy (3e édit.)	1
Hermine (3e édit.)	1
Odille (3e édit.)	1
La Belle Angèle (3e édit.)	2
Rigolo (3e édit.)	2
Les Yeux d'Emma-Rose (3e édit.)	2

SOUS PRESSE :

L'Agence Rodille.
Le Gros Lot.
Le Roman de la Misère.
Le Marchand de Diamants.

F. Aureau. — Imprimerie de Lagny.

LA VOYANTE

BLANCHE VAUBARON

PAR

XAVIER DE MONTÉPIN

2

PARIS
E. DENTU, ÉDITEUR
LIBRAIRE DE LA SOCIÉTÉ DES GENS DE LETTRES
PALAIS-ROYAL, 15-17-19, GALERIE D'ORLÉANS

1886

LA VOYANTE

BLANCHE VAUBARON

DEUXIÈME PARTIE

I

Vaubaron était sorti de chez lui l'âme joyeuse et dans la plus heureuse disposition d'esprit où il se fût trouvé depuis longtemps; mais son entrevue avec l'huissier et les procédés de ce dernier, procédés blessants auxquels il était si loin de s'attendre, venaient de le rendre à sa tristesse, à ses préoccupations habituelles. Il marchait lentement, la tête basse, plongé dans de profondes réflexions, agité par des pressentiments vagues et de mauvais augure; il s'épuisait en conjectures, dont aucune ne se rapprochait de la vérité; il se demandait, sans pouvoir se répondre :

— Que se passe-t-il autour de moi d'inquiétant et de néfaste? Pourquoi donc y avait-il du sang sur ces billets? Quel est le bienfaiteur étrange qui me les a remis?

C'est en s'adressant à lui-même ces questions insolubles qu'il arriva devant sa maison.

Là il s'aperçut, non sans étonnement, que la rue, si habituellement déserte, était pleine de monde et que les groupes, agités en apparence d'une sorte de fièvre, se livraient à des conversations confuses et bruyantes.

Tout entier à ses pensées, il n'accorda aucune attention aux paroles qui se croisaient et se répondaient autour de lui. Il franchit les trois marches, longea le couloir, gravit l'escalier et rentra dans son logement.

Il était neuf heures du matin.

Marthe venait de s'éveiller après un sommeil long et réparateur. La petite Blanche achevait de s'habiller ; elle courut à la rencontre de son père qui la prit dans ses bras et la serra avec effusion contre sa poitrine.

— Mon ami, lui demanda la jeune femme, il ne t'est rien arrivé de fâcheux pendant ta course matinale? Tu n'as point appris de mauvaises nouvelles?

— Non, en vérité, répondit le mécanicien, très surpris de ces questions ; mais pourquoi me demandes-tu cela?

— Parce que tu as la figure toute bouleversée!...

— Eh bien, ma figure est menteuse... murmura Vaubaron en appelant sur ses lèvres un sourire un peu contraint; elle ne devrait exprimer que la joie et la confiance! Ne pas se trouver heureux et douter de l'avenir serait faire acte d'ingratitude!

— Me voici déjà rassuré... Mais, dis-moi, mon ami, quel est donc ce bruit bizarre qui se fait dans la rue?

Le mécanicien prêta l'oreille.

Il entendit une rumeur sourde et continue, presque pareille aux voix de l'Océan, lorsque la marée montante vient se briser sur les galets.

— On dirait qu'une grande foule est arrêtée devant notre maison, réprit la malade. Va-t-on faire une révolution nouvelle? as-tu rencontré des émeutes?

Vaubaron secoua la tête.

— Paris est calme, répliqua-t-il; une émeute, d'ailleurs, amène un bien autre tapage de clameurs et de chants.

— Enfin que se passe-t-il dans la rue?

Vaubaron ouvrit une fenêtre et s'avança sur le balcon.

La foule, rassemblée au-dessous de lui, était maintenant vingt fois, cent fois plus compacte que lorsqu'il l'avait traversée, quelques instants auparavant, pour entrer au logis. Elle obstruait la rue dans toute sa largeur, à droite et à gauche, aussi loin que la vue pouvait s'étendre.

Un groupe composé d'une dizaine de personnes stationnait au milieu de la cour de l'hôtel du baron de Viriville.

Trois hommes, vêtus de noir, étaient debout sur le toit de l'écurie qui dominait le blacon. L'un de ces hommes aperçut le mécanicien et le désigna immédiatement aux deux autres.

La foule, de son côté, regardait avec une extrême attention les croisées du premier étage.

Au moment où parut Vaubaron, il se fit tout à coup un silence profond, mais qui ne dura guère que la dizième partie d'une seconde, et qui fut suivi d'un redoublement d'animation et de bruit.

Au milieu de cette rumeur grandissante et confuse, le mécanicien crut vaguement distinguer ces deux mots : *le voilà! le voilà!* répétés par mille voix ; mais ce ne pouvait être qu'une erreur. Evidemment ses oreilles le servaient mal, et il n'attacha aucune importance à ce qu'il lui semblait entendre.

Il revint auprès du lit et il dit à Marthe :

— Un rassemblement très nombreux s'est formé sous nos fenêtres. J'en ignore la cause. Veux-tu que je descente et que je m'informe?

— A quoi bon?

— A satisfaire ta curiosité, chère enfant.

— Elle n'existe plus. Il est clair comme le jour, n'est-ce pas, que ce qui se passe en ce moment dans la rue ne peut avoir avec nous aucun rapport? Dès lors, que m'importe?

Vaubaron, lui non plus, ne tenait guère à savoir. Il alla reprendre sa place accoutumée auprès de son établi, afin de terminer le travail interrompu la nuit précédente, par le sommeil d'abord et ensuite par la visite de Rodille.

Au bout de quelques secondes il tressaillit involontairement. Une immense clameur s'élevait dans la rue, et cette clameur, dont on ne pouvait deviner ni le sens ni le but, offrait à son esprit quelque chose de terrible et de menaçant, en parfaite harmonie avec la nature triste et sombre des pensées qui l'agitaient depuis son entrevue avec l'huissier.

La clameur populaire s'abattit tout à coup. Un calme étrange lui succéda. On aurait pu croire que la foule venait de disparaître comme une volée de passereaux.

— As-tu entendu? demanda Marthe.

— Oui; tout cela est vraiment bizarre...

— Il me semble que j'ai peur!

— De quoi donc?... murmura Vaubaron en souriant.

— Je ne sais pas.

— Eh bien, rassure-toi, chère enfant... Je t'affirme que l'apparence même du danger n'existe pas...

Vaubaron achevait à peine quand un bruit de pas lourds et réguliers retentit dans l'escalier, suivi du fracas métallique de plusieurs crosses de fusil, frappant les briques du carré.

En même temps on sonna à la porte d'entrée avec une extrême violence. Vaubaron quitta son siège.

Marthe saisit le bras de son mari et, frissonnant de la tête aux pieds, elle balbutia :

— N'y va pas, mon ami, n'y va pas ! Je te répète que j'ai peur !

— Et moi, chère folle bien-aimée, je te répète qu'il n'y a rien à craindre !... répliqua le mécanicien.

La sonnette, mise en branle de nouveau, fit entendre pour la seconde fois ses vibrations convulsives.

Vaubaron se dégagea de l'étreinte suppliante de sa femme et courut à la porte, qu'il ouvrit.

Plusieurs personnages, vêtus de noir, attendaient au dehors. L'un d'eux portait une écharpe tricolore. Le mécanicien le reconnut pour l'un des hommes qui se livraient à une exploration très active, uu quart d'heure auparavant, sur le toit du pavillon voisin.

Dans l'escalier se voyaient les uniformes et les

baïonnettes d'une douzaine de soldats d'infanterie.

Vaubaron, profondément étonné et un peu ému, fit quelques pas en arrière, ce qui permit aux personnages vêtus de noir de pénétrer dans la première pièce.

Derrière eux avancèrent et s'alignèrent aussitôt les baïonnettes et les uniformes.

— Messieurs, murmura le mécanicien, n'y a-t-il point ici quelque méprise? est-ce bien moi que vous demandez ?

— Je suis commissaire de police, monsieur, dit l'homme à l'écharpe.

Vaubaron salua.

Le commissaire reprit :

— J'ai quelques questions à vous adresser.

— Je suis à vos ordres, monsieur.

— Vous vous nommez Jean Vaubaron ?

— Oui, monsieur.

— Votre état ?

— Mécanicien.

— Vous êtes locataire du logement dans lequel nous vous trouvons ?

— Oui, monsieur.

— Vous avez des fenêtres donnant sur la rue?

— Oui, monsieur, j'en ai trois.

— Garnies de balcons?

— Oui, monsieur.

— Voyons ces fenêtres.

Le commissaire de police fit un mouvement dans la direction de la première pièce.

Ses compagnons et les soldats s'ébranlèrent et se disposèrent à le suivre.

— Monsieur, dit alors Vaubaron avec un trouble facile à comprendre, quoique j'ignore le but de votre démarche je m'y soumets avec empressement; mais permettez-moi de vous faire observer que ma femme, très malade et alitée, ainsi que ma petite fille, se trouvent dans la chambre dont vous allez franchir le seuil...

— Très bien, monsieur, répondit le commissaire de police. Les lois de l'humanité ne sont heureusement point inconciliables avec les devoirs que mes fonctions m'imposent... Deux de ces messieurs seulement me suivront.

Les soldats reçurent l'ordre de modérer leur zèle et firent halte dans la première pièce et sur l'escalier.

Le magistrat, deux des hommes qui l'accompagnaient et Jean Vaubaron, pénétrèrent dans la chambre commune.

Marthe, au comble de la terreur, se souleva à demi sur son lit et, pâle comme une morte, attacha sur les visiteurs inattendus des regards effarés.

Le commissaire de police salua la jeune femme

avec une respectueuse compassion, mais ne lui adressa pas la parole.

Il alla droit à la fenêtre dont le balcon dominait les écuries de l'hôtel voisin ; il ouvrit cette fenêtre, il se pencha sur le balcon, et son examen des localités se prolongea pendant deux ou trois minutes.

Il fit alors un signe à ses deux compagnons qui s'approchèrent, et il échangea avec eux quelques mots à voix basse.

— Tout cela est lumineux comme le soleil, leur dit-il en terminant, et le doute même me semble impossible...

— C'est évident! répondirent les deux hommes.

Le commissaire de police s'adressa ensuite au mécanicien, qui attendait avec plus de curiosité que d'inquiétude, car la réflexion venait de le rassurer complètement, et il lui demanda :

— Monsieur Vaubaron, prétendez-vous et êtes-vous en mesure de faire affirmer par des témoins dignes de foi que vous avez passé la nuit dernière hors de cette maison, en compagnie de gens respectables?...

— Mais, monsieur, répliqua le mécanicien stupéfait, je ne prétends rien de semblable...

— Vous êtes donc resté, depuis hier au soir, dans ce logement?...

— Oui, monsieur, et je n'en suis sorti que ce matin, vers sept heures... Puis-je vous prier de m'apprendre quels sont vos motifs pour m'adresser de semblables questions?...

Le commissaire de police fixa ses yeux sur les yeux de Vaubaron, comme s'il eût voulu descendre jusqu'au plus profond de son âme.

Le mécanicien soutint ce regard avec le calme et la fermeté qui résultent d'une conscience sans reproche.

— Ni trouble, ni terreur ! se dit le magistrat à lui-même. Une telle assurance me confond !... Cet homme est innocent, ou cet homme est un monstre...

— Monsieur, reprit Vaubaron, vous ne me répondez pas... N'ai-je pas le droit de savoir ce que vous attendez de moi et ce qui vous amène ici?...

— Ce qui m'amène ici, monsieur, répliqua le magistrat en continuant à couvrir le mécanicien de son regard investigateur, c'est un devoir pénible, une mission rigoureuse... Jean Vaubaron, je vous arrête au nom de la loi...

En entendant ces mots terribles : *Je vous arrête au nom de la loi !...* Marthe, dont la tête était retombée en arrière sur l'oreiller, poussa un cri sourd et se souleva frémissante.

Vaubaron courut à elle, saisit ses mains et les serra dans les siennes en lui disant :

— Chère bien-aimée, rassure-toi... ce qui se

passe en ce moment est le résultat d'un malentendu sans gravité réelle... Je n'ai que quelques mots à dire à monsieur, et tout va s'expliquer...

Puis le mécanicien, s'adressant au magistrat qui l'écoutait avec un étonnement profond, ajouta d'un ton parfaitement calme :

— Je comprends maintenant, monsieur, ce qui, tout à l'heure, me semblait incompréhensible... Il est bien vrai que je me trouvais ce matin encore sous le coup du jugement que vous venez faire exécuter, mais je sors de chez l'huissier chargé de poursuivre, je l'ai payé et le billet est rentré dans mes mains, ainsi qu'il m'est facile de vous en donner la preuve...

C'était au tour du commissaire à ne plus comprendre.

— Que voulez-vous dire ? demanda-t-il, et de quel billet parlez-vous ?...

— De celui-ci... répondit Vaubaron en présentant au magistrat la petite liasse de papiers timbrés qui venait de lui être remise par l'huissier.

Le commissaire examina rapidement les pièces de la procédure.

— Vous passiez dans votre quartier, et dans votre maison, pour être très gêné... fit-ensuite.

— Et je l'étais en effet, monsieur... répliqua le mécanicien. Je n'ai pas à rougir de ma pauvreté, elle ne provient point de l'inconduite...

— Avec quoi avez-vous payé ?...

— Avec trois billets de mille francs...

— Pourquoi vous êtes-vous acquitté ce matin plutôt qu'hier ?...

— Parce qu'hier je ne possédais pas la somme nécessaire pour désintéresser mon créancier...

— Vous avez donc touché de l'argent depuis hier ?...

— Oui, monsieur...

— Une somme importante?

— Quatre mille francs.

— Cette somme vous était due ?...

— Non, monsieur.

— Prêtée !

— Pas davantage.

— Donnée, alors ?...

— Oui, monsieur...

— Hier au soir, ou cette nuit ?...

— Cette nuit...

— Par qui ?

Vaubaron devint pâle et hésita. Pour la première fois il commençait à pressentir vaguement un danger immense et inévitable.

— Eh bien, continua le commissaire de police, vous ne répondez pas ?... Je vous ai demandé, je vous demande de nouveau par qui cette somme de quatre mille francs vous a été donnée?...

— Monsieur, murmura le mécanicien, pour répondre à cette question il me faut vous raconter toute une histoire...

— Pourquoi donc?... Il ne s'agit au contraire, ce me semble, que de prononcer un nom... le nom de l'ami ou du bienfaiteur qui vous est si généreusement venu en aide...

— C'est que, ce nom, je l'ignore...

— Ah! vous l'ignorez!

— Oui, monsieur...

Le commissaire et les deux personnages vêtus de noir échangèrent un regard et un sourire.

Vaubaron reprit vivement :

— Mais je puis vous expliquer... et je vais le faire...

— C'est inutile... interrompit le magistrat. Je n'ai plus besoin de recevoir de vous aucune explication à ce sujet... Qu'avez-vous fait du quatrième billet de mille francs?...

— En sortant de la maison, ce matin, je l'ai laissé sur l'établi que voilà... il doit s'y trouver encore... répondit Vaubaron.

L'un des hommes noirs s'approcha de l'établi désigné, et, dérangeant quelques outils, il trouva sans peine le billet de banque, qu'il apporta au commissaire ainsi qu'un objet d'un très petit volume, auquel, dans son trouble, le mécanicien ne prit point garde.

Le magistrat déploya d'abord le billet de mille

francs et l'examina pendant quelques secondes.

— Il est taché de sang, dit-il ensuite, et il ajouta avec un accent indéfinissable : Vous l'ignoriez aussi, n'est-ce pas?...

— Les trois autres étaient également tachés... balbutia Vaubaron. Je ne m'en suis aperçu qu'en les mettant aux mains de l'huissier... C'est lui qui me l'a fait remarquer...

Le ton du magistrat s'était modifié d'une façon absolue depuis le début de ce rapide interrogatoire.

Sa parole toujours polie, mais bienveillante dans l'origine, avait pris peu à peu des inflexions d'une froideur glaciale.

Son visage, après avoir exprimé l'émotion, presque la sympathie, devenait impassible comme un visage de marbre.

Il concentrait maintenant son attention sur le second objet trouvé à côté du billet de banque. Il le tournait et le retournait dans ses doigts.

— Qu'est-ce que ceci?... fit-il brusquement, en montrant au mécanicien le petit étui de chagrin rouge volé par Rodille dans la caisse du baron.

Le malheureux, anéanti par la vue de cet écrin dont il ne soupçonnait pas la présence, tressaillit de tous ses membres et ne trouva pas de réponse.

— Ceci... balbutia-t-il, ceci, mon Dieu !... qu'est-ce donc?

— Je vous le demande, mais il paraît que vous refusez de me l'apprendre...

Tout en parlant, le magistrat appuya sur le ressort.

L'écrin s'ouvrit.

Un rayon de soleil levant tomba sur la pierre précieuse, d'où jaillit une gerbe de feux éblouissants.

— Ce diamant est magnifique et d'une grande valeur... continua le commissaire. Vous vient-il aussi de cet inconnu généreux qui vous apporte la nuit des billets de banque tachés de sang?...

Ces mots remplis de la plus écrasante ironie furent pour Vaubaron un trait de lumière... Ils illuminèrent les ténèbres au milieu desquelles, depuis un instant, il sentait chavirer sa raison.

— Oui... oui... s'écria-t-il, c'est cela !... Oh ! c'est bien cela !... L'homme de cette nuit était debout à cette place... près de la fenêtre... il aura laissé tomber ce joyau en déposant les billets de banque sur l'établi... Vous le voyez, monsieur, tout s'explique...

— En effet, appuya le commissaire de police, tout s'explique... Allons, monsieur, il faut nous suivre...

— Vous suivre ! répéta Vaubaron, pourquoi vous suivre?... ne vous ai-je pas dit, ne vous ai-je pas prouvé que je ne devais plus rien?...

— Monsieur, répliqua le magistrat d'une voix sévère, vous espérez vainement abuser la justice... Personne ne sait mieux que vous qu'il ne s'agit point ici d'une arrestation pour dettes...

— Une arrestation! répéta le mécanicien avec l'accent de la plus immense terreur. Une arrestation!... mais c'est impossible, monsieur! Je n'ai rien fait de mal!... je n'ai rien à me reprocher... rien au monde... je vous le jure!...

— Vous direz cela au juge d'instruction, devant qui vous comparaîtrez aujourd'hui même, et je souhaite que vous parveniez à le convaincre!... Partons, monsieur... évitez-moi l'extrémité toujours pénible d'avoir recours, pour vous contraindre, à la force dont je dispose...

— Mais enfin, qu'ai-je fait?... oui, qu'ai-je fait? cria Vaubaron d'une voix étranglée, en se tordant les bras avec désespoir. De quoi m'accuse-t-on?... Au nom du ciel!... par pitié, monsieur, apprenez-moi de quoi l'on m'accuse...

— D'avoir commis cette nuit un double assassinat suivi de vol... répondit le commissaire de police avec une netteté foudroyante.

— Un assassinat!... un vol!... et l'on m'accuse!... moi... moi... moi!... commença le mécanicien en élevant ses deux mains vers le ciel pour une impuissante protestation.

Il ne put achever, ses paroles s'étouffèrent dans

son gosier; la terre se déroba sous ses pieds, l'obscurité se fit autour de lui... il lui sembla qu'il devenait fou, il lui sembla qu'il allait mourir.

Il tomba sur une chaise, et pendant quelques secondes son immobilité fut aussi profonde que celle d'un homme frappé de paralysie.

Marthe n'avait pas prononcé un mot, elle n'avait pas poussé un cri. C'est à peine si un gémissement faible s'était échappé de ses lèvres.

Seulement son visage, devenu livide, semblait modelé dans une cire vierge, son corps roidi ne tressaillait pas et ses yeux largement ouverts n'avaient plus de regard.

Pour le commissaire de police, comme pour quiconque aurait été témoin de la scène que nous venons de raconter, la culpabilité du mécanicien était un fait indiscutable. Les preuves matérielles abondaient, elles écrasaient littéralement le coupable, qui ne trouvait même pas une parole de défense à leur opposer.

Dans de telles circonstances, la prostration si absolue de l'accusé pouvait n'être qu'une comédie; en la supposant sincère, elle n'était que l'abattement inévitable du criminel tombé aux mains de la justice. Il importait de ne la point laisser se prolonger outre mesure.

Le magistrat appuya sa main sur l'épaule de Vaubaron, en lui disant :

— Levez-vous !... il est temps de partir...

Le mécanicien tressaillit comme s'il sentait la morsure d'un fer chaud. Il se dressa d'un bond, il se tint debout en chancelant et il balbutia d'une voix éteinte :

— Je vous suis, monsieur... j'obéis... mais me permettez-vous au moins d'embrasser ma pauvre femme avant de m'éloigner avec vous ?

La réponse du magistrat fut affirmative.

Vaubaron s'avança, ou plutôt se traîna jusqu'au lit ; il souleva dans ses bras le corps de Marthe et il murmura près de son oreille ces mots entre-coupés ;

— Oh ! sois sans crainte, mon enfant chérie... je reviendrai... je vais revenir... Dieu est avec les innocents... Il ne m'abandonnera pas... Attends-moi, Marthe, attends-moi avec patience, et pour me donner du courage, embrasse-moi... embrasse-moi...

Mais à peine venait-il de parler ainsi, qu'il recula glacé d'épouvante ; il n'avait point senti, sur sa joue, le souffle de Marthe ; les bras de Marthe ne lui avaient pas rendu son étreinte ; les lèvres de Marthe ne lui avaient pas répondu.

— Blanche ! cria-t-il d'une voix rauque et méconnaissable ; Blanche, ma fille, ma pauvre fille, que Dieu ait pitié de toi ! On emmène ton père et ta mère est morte !...

II

— Cet homme est bien coupable, sans doute, mais il est aussi bien malheureux ! pensa le commissaire de police, ému malgré lui par ce cri déchirant, par cette plainte désespérée. Si grand que soit le crime, l'expiation qui commence est une expiation terrible !...

A son tour il s'approcha du lit et il appuya sa main pendant quelques secondes sur la poitrine de Marthe.

Sous cette pression légère, il sentit battre le cœur faiblement.

— Votre femme n'est point morte, monsieur, dit-il ensuite en se tournant vers Vaubaron ; elle n'est qu'évanouie, et je crois pouvoir affirmer qu'elle reprendra bientôt connaissance...

— Hélas! balbutia le mécanicien, ne vaudrait-il pas mieux qu'elle fût morte!

A ceci le commissaire de police n'avait rien à répondre. Il se contenta de répéter :

— Venez, monsieur, il faut partir...

Vaubaron ne se sentait plus la force de parler.

Il inclina la tête sur sa poitrine par un geste de passive résignation ; il souleva dans ses bras et il pressa contre son cœur avec une tendresse passionnée et douloureuse la petite Blanche, glacée d'effroi. Il promena un long regard autour de cette chambre qu'il abandonnait, et dans laquelle à cette heure suprême il lui semblait qu'il avait été heureux ; ensuite il alla se placer de lui-même entre les deux agents et il se dirigea vers la porte.

Certes, en ce moment, le mécanicien ne croyait pas qu'il fût possible d'ajouter encore à l'épouvantable angoisse qui l'écrasait et qui faisait chanceler sa raison dans son cerveau.

Il se trompait cependant....

Ce chemin du calvaire qu'il allait parcourir lui réservait une nouvelle et indicible torture.

La rue du Pas-de-la-Mule, nous le savons, était pleine de monde et, de minute en minute, malgré les efforts des soldats de la ligne et des gendarmes chargés de maintenir l'ordre, les flots du populaire devenaient plus pressés et plus tumultueux.

A l'instant précis où l'accusé, facilement reconnaissable à la pâleur de son visage, à ses traits décomposés, à son regard morne et à sa démarche chancelante, parut sur le seuil de la maison, précédé et suivi par le groupe des agents et des soldats, une clameur immense s'éleva, clameur de haine et de mort, clameur féroce et qui devait sembler hideuse, même si elle avait été juste.

Cette foule, ou plutôt cette tourbe, car c'est exclusivement la plus vile populace des grandes villes qui prend plaisir à de pareils spectacles et à de telle manifestations, trouvait une joie farouche à vouer à l'échafaud, avec de rauques hurlements, la tête du malheureux qu'elle considérait comme un assassin.

Les yeux étincelants menaçaient Jean Vaubaron comme autant de poignards. En même temps que les bouches crispées le chargeaient d'injures, les mains indignées le couvraient de boue.

La multitude s'enivre facilement de sa propre fureur; les cris qu'elle pousse l'exaltent comme le pourraient faire les alcools suspects et les vins frelatés des assommoirs.

Cette ivresse atteignit bientôt son paroxysme.

— Le sang veut du sang ! hurlèrent toutes les voix. Il a tué ! Qu'on le tue !... Tuons-le !...

Et chacun, après s'être constitué juge pour prononcer la peine de mort, voulait se faire bourreau afin d'exécuter la sentence.

Il fallut que le commissaire de police donnât l'ordre de serrer les rangs et de croiser la baïonnette autour de l'accusé, pour le soustraire à cette immédiate application de la sanglante loi de Lynch.

Sans cette ceinture de fers aiguisés, qui fit reculer les plus résolus, Jean Vaubaron, saisi, entraîné, allait être mis en pièces à l'instant, sans aucune forme de procès, et la foule, après avoir commis par esprit de justice ce monstrueux forfait, aurait traîné ses restes informes dans tous les ruisseaux de la ville.

Enfin le magistrat et son escorte parvinrent à traverser les flots de cette mer vivante et frémissante, et ils atteignirent l'une des extrémités de la rue.

Là, par bonheur, stationnait un fiacre.

Le commissaire de police mit ce véhicule en réquisition.

Il prit place dans l'intérieur avec l'accusé et deux agents. Un autre monta sur le siège à côté du cocher, qui reçut l'ordre de toucher à la Conciergerie.

Une heure après, le mécanicien était au secret, en attendant que le juge d'instruction lui fît subir un premier interrogatoire.

Retournons rue du Pas-de-la-Mule et remontons dans la chambre où nous avons laissé Marthe Vaubaron, évanouie.

Une demi-heure s'était écoulée.

Blanche, agenouillée auprès du lit et le visage

enfoui dans les couvertures, sanglotait et fondait en larmes.

Certes, la pauvre enfant ne pouvait comprendre tous les détails du drame sinistre qui venait de se jouer sous ses yeux, elle ne pouvait deviner toute l'étendue du malheur qui la frappait dans son père et dans sa mère à la fois, elle ignorait ce que c'est qu'un crime et ne soupçonnait point ce que c'est que la mort, et cependant elle se sentait désespérée, et il lui semblait qu'elle serait, désormais, seule au monde et abandonnée.

Marthe fit un faible mouvement; elle ouvrit les yeux, elle entendit le bruit saccadé et intermittent des sanglots de Blanche, elle se souleva dans son lit, l'esprit encore mal ranimé et, ne se souvenant de rien, elle demanda :

— Blanche, ma petite Blanche, pourquoi pleures-tu donc ainsi?...

L'enfant essaya de répondre, mais, suffoquée par les larmes, il lui fut impossible de prononcer une parole.

— Mon Dieu!... balbutia la jeune femme qui sentit son cœur se serrer, qu'y a-t-il donc?... que se passe-t-il donc?... je vais le demander à Vaubaron, il me le dira, lui...

Elle appela son mari à deux reprises.

Le silence lui répondit seul, et l'enfant, en entendant prononcer le nom de son père, se tordit les mains de désespoir, tandis que ses sanglots redoublaient.

Marthe allait appeler Vaubaron pour la troisième fois, mais ses lèvres entr'ouvertes semblèrent paralysées tout à coup, ses yeux agrandis prirent une expression effarée, des gouttes de sueur froide perlèrent sur son front et à la racine de ses cheveux.

Le réveil de son esprit se faisait.

Elle commençait à regarder en arrière, mais elle ne pouvait croire encore à ces choses effrayantes et presque impossibles que lui retraçait sa mémoire.

Soudain la lumière se fit, le dernier voile tomba déchiré.

Un cri rauque, suivi d'un de ces gémissements qui décèlent une souffrance plus qu'humaine, s'échappa de la gorge contractée de Marthe.

— Ah ! je me souviens..., balbutia-t-elle, je me souviens, car ce n'est pas un rêve !... Il est accusé... accusé d'un double crime..., un vol... un assassinat... il est arrêté... il sera jugé... il sera condamné peut-être... et pourtant, sur ma vie, je le jure sur ma vie, il est innocent !... Qu'importe ce qu'ont dit ces hommes ? Qu'importe qu'il y ait du sang sur les billets ?... Cela ne prouve rien !... Vaubaron n'est pas coupable... Vaubaron n'a fait rien de mal..., il n'a jamais eu que deux amours en ce monde : moi et sa fille..., il est le meilleur des hommes..., il en est le plus honnête, et ceux qui l'accusent sont des misérables et des fous !... Pourquoi donc l'ont-ils emmené ?... pourquoi me suis-je évanouie lâchement pendant qu'on l'entraînait ? Je l'aurais défendue, moi... je ne l'aurais pas laissé partir !... je leur aurait crié à tous : *Il est innocent !... vous me tuez !... Vous tuez une pauvre femme expirante !... Ne m'arrachez pas celui qui est ma vie !...* Mais ce que je n'ai pas fait, je vais le faire, il en est temps encore ; j'irai trouver ses juges..., je leur raconterai toute l'existence du juste qu'on ose soupçonner..., je leur montrerai que cette existence est pure, non seulement d'un crime, mais d'une faute... Ils me comprendront..., ils me croiront..., ils me rendront mon mari..., m'entends-tu, Blanche ? ils me rendront ton père !... Nous allons partir, mon enfant... je vais t'emmener, chère petite..., il doit avoir tant de hâte, ton pauvre père, de nous embrasser toutes deux...

A mesure que Marthe parlait ainsi, une exaltation profonde, ou plutôt un véritable délire, s'emparait d'elle et grandissait rapidement.

Sa maladie, sa faiblesse, son impuissance, elle oubliait tout... elle n'avait plus qu'une pensée, plus qu'une volonté : proclamer l'innocence de son mari, l'arracher aux mains de la justice et le ramener avec elle.

Elle s'élança hors de son lit, et, galvanisée pour

un instant par la violence de l'idée fixe qui la dominait, elle eut la force de se tenir debout, et elle se mit à s'habiller rapidement.

Hélas! cette surexcitation fiévreuse et factice qui la soutenait ne pouvait avoir et n'eut en effet que la durée d'un éclair.

Avant que quelques secondes se fussent écoulées, Marthe se sentit redevenir d'autant plus faible qu'elle avait fait un plus grand effort.

Un anéantissement absolu s'empara de tout son être et la ploya comme une fleur dont la tige est brisée.

Elle comprit qu'elle allait tomber; ellle essaya de se soutenir en saisissant à pleines mains les rideaux de son lit; l'étoffe frêle se déchira sous ses doigts; elle s'abattit sur le sol, non point à la renverse, mais agenouillée, et elle se traîna vers la porte en poussant de gémissements à peine distincts, et des plaintes entrecoupées de sanglots convulsifs.

Cette crise suprême fut courte.

Le coup qui venait de frapper en plein cœur la malheureuse femme était un coup mortel. L'effrayante catastrophe dont nous venons de raconter les péripéties brisait les derniers fils qui la rattachaient à la vie.

Ses mouvements devinrent de plus en plus lents, ses plaintes de plus en plus faibles.

Bientôt ses yeux en pleurs cessèrent de se mouvoir dans leurs orbites.

Ses lèvres ne s'agitèrent plus. Le tremblement convulsif qui secouait son corps ne se manifesta que par des secousses intermittentes qui se ralentirent et s'éteignirent enfin tout à fait.

Un dernier souffle s'exhala de sa bouche entr'ouverte. Elle se renversa en arrière, immobile et glacée ; son cœur ne battit plus et ses prunelles se ternirent.

Marthe était morte, morte après une agonie désespérée, morte sans qu'un prêtre fût venu s'agenouiller près d'elle et murmurer à ses oreilles des paroles consolantes en lui montrant les portes du ciel ouvertes pour la recevoir, morte sans qu'une main amie fût là pour lui fermer les yeux.

La petite Blanche crut d'abord que sa mère venait de s'endormir et, voulant respecter son sommeil, elle s'efforça d'étouffer ses sanglots, elle essaya de pleurer silencieusement ; mais peu à peu elle s'épouvanta de cette immobilité sinistre qui ne ressemblait point au sommeil ; elle eut peur de ces yeux ouverts et dilatés qui n'avaient pas de regard, et de cette pâleur toujours croissante qui changeait un visage de chair en un visage de marbre.

Elle voulut réveiller sa mère.

Elle lui prit les mains, elle les sentit froides et inertes comme les mains d'une statue.

Alors une épouvante immense s'empara d'elle et la rendit presque folle. Elle comprit vaguement que l'âme avait quitté le corps et que maintenant elle se trouvait seule auprès d'un cadavre.

Elle recula jusqu'au fond de la chambre, en poussant des cris sourds et des gémissements inarticulés, en se tordant les bras, en appelant son père.

Bien des heures se passèrent ainsi; puis les forces manquèrent à l'enfant, ses plaintes déchirantes se changèrent en un râle étouffé, ses yeux devinrent fixes et secs, une sorte de vertige remplit son cerveau et en chassa la pensée et le souvenir, elle s'accroupit sur le carreau et elle demeura immobile comme si, à son tour, elle eût cessé de vivre.

La journée tout entière s'écoula, la nuit vint, les ténèbres remplirent la chambre. Blanche ne bougeait pas ; seulement, par instants, un frémissement nerveux secouait ses membres endoloris, et ses dents s'entrechoquaient.

Soudain elle tressaillit et se dressa par un mouvement brusque.

Elle venait d'entendre dans la pièce voisine un faible bruit, le bruit d'un pas furtif, étouffé à dessein.

En même temps la porte s'ouvrit.

III

Un nouveau personnage entra dans la pièce où se trouvaient la petite Blanche et le cadavre de Marthe.

Ce personnage referma la porte derrière lui et, pendant quelques secondes, demeura immobile auprès de cette porte.

L'obscurité était profonde. Blanche, au milieu des ténèbres, ne pouvait distinguer ni le visage, ni même la forme confuse du visiteur nocturne ; mais le murmure à peine perceptible de sa respiration frappait son oreille et redoublait l'effroi qui depuis si longtemps l'obsédait.

Tout à coup une lueur faible brilla dans la nuit. Cette lueur grandit rapidement, rayonna et éclaira la chambre tout entière.

Le nouveau venu venait de dévoiler l'âme d'une très petite lanterne sourde qu'il tenait de la main gauche et dont il dirigea successivement la clarté sur le corps de la morte et sur le visage de l'enfant.

Cet inconnu n'en est pas un pour nous, quoique rendu complètement méconnaissable par l'un de ses déguisements habituels.

Une fois déjà, la nuit précédente, il a traversé sous nos yeux cette même pièce et y a laissé le crime, le malheur, le désespoir et la mort.

Nos lecteurs ont déjà nommé Rodille !

Le misérable semblait parfaitement calme, et nous pouvons affirmer qu'au moment d'accomplir une infamie nouvelle, aucune émotion, aucun remords ne faisaient battre son cœur de bronze.

En apercevant le corps de Marthe étendu sur le carreau, en contemplant ce visage livide où la mort avait gravé son empreinte, un hideux sourire contracta sa lèvre supérieure. Il éprouvait la joie légitime du joueur dont toutes les combinaisons réussissent, il s'applaudissait d'avoir obtenu si complètement le résultat convoité et prévu par lui.

Il s'approcha de la malheureuse femme, sa dernière victime. Il se pencha sur elle et toucha sa main.

— Elle est morte depuis bien des heures... murmura-t-il en soulevant le cadavre et en le portant sur le lit. Il faut qu'ici tout soit en bon ordre, ajouta-t-il, et que rien dans cette chambre ne puisse étonner ceux qui viendront...

Ceci fait, il se dirigea lentement vers Blanche qui, debout et muette dans un angle obscur, le regardait avec des yeux agrandis, comme on regarde un spectre apparu tout à coup.

A mesure qu'il avançait, l'enfant, presque anéantie jusqu'alors par la terreur, étendait machinalement les mains en avant pour repousser l'effrayante vision, et ses lèvres s'entr'ouvaient afin de livrer passage au cri terrible prêt à jaillir.

Ce cri d'appel retentissant à l'improviste au milieu du silence de la nuit pouvait attirer l'attention, faire échouer l'entreprise si bien commencée, et mettre Rodille dans une situation critique. Il fallait ou l'étouffer par la violence, ou l'empêcher de naître...

Ce dernier parti était assurément le meilleur, et le bandit ne pouvait hésiter entre les deux.

Il s'arrêta donc aussitôt, et il demanda d'une voix basse et très douce :

— Est-ce que je vous fais peur, mon enfant?

Blanche ne se trouvait pas en état de parler; mais ses yeux hagards, sa livide pâleur et son geste effaré répondaient éloquemment pour elle.

Rodille continua d'un ton de plus en plus insinuant et velouté :

— Je serais au désespoir de vous alarmer par ma présence, chère petite, et je me retirerais à l'instant même si votre bon père, qui vous aime si tendrement, ne m'avait pas chargé pour vous d'une mission qu'il faut bien que j'accomplisse.

En comptant sur ces paroles comme sur un talisman, Rodille ne s'était pas trompé.

L'effet fut magique et immédiat.

La petite Blanche sentit sinon se dissiper tout à fait, du moins s'atténuer à l'instant même l'épouvante sans bornes qui glaçait son sang dans ses veines.

— Vous connaissez papa?...balbutia-t-elle d'une voix si faible, si altérée, que Rodille devina les mots qu'elle prononçait, plutôt qu'il ne les entendit.

— Je le connais, répondit-il, je suis de ses amis... son meilleur ami peut-être...

— Vous l'avez donc vu, monsieur?... continua la petite fille.

— Oui, mon enfant, je l'ai vu.

— Quand?

— Il y a tout au plus une heure que je l'ai quitté.

— Et c'est lui qui vous a dit de venir?

— C'est lui.

— Pourquoi n'est-il pas venu avec vous?

— Il ne le pouvait pas... Les hommes qui l'ont

emmené ne lui rendront la liberté que dans quelques jours.

— Ils sont bien méchants, ces hommes-là... s'écria Blanche d'un ton déjà plus ferme. Mon pauvre papa ne leur avait cependant point fait de mal... ni à eux... ni à personne... n'est-il pas vrai, monsieur?...

— Oui, sans doute!... Il est impossible d'être plus innocent et plus injustement accusé qu'il ne l'est; aussi il se trouve bien malheureux, et, dans son chagrin, une seule chose pourra le consoler un peu, c'est de voir et d'embrasser sa petite Blanche.

— Oh! moi aussi, je voudrais bien l'embrasser, je le voudrais de tout mon cœur, mais puisqu'il ne peut venir ici, comment faire?...

— Il faut venir le trouver... Je vous conduirai auprès de lui, chère petite... C'est pour cela qu'il m'a envoyé.

— Eh bien! allons, dit Blanche avec entraînement, allons vite.

Mais elle s'interrompit tout à coup.

— Est-ce que vous hésitez, mon enfant?... demanda Rodille.

— Oh! non, monsieur; seulement je pense à ma pauvre maman, qui est toute froide depuis ce matin et qui ne se réveille pas... Est-ce qu'elle va rester là, abandonnée, sans personne auprès d'elle?...

— Il le faut bien, puisqu'elle ne saurait nous suivre; mais notre absence sera courte... Je vous ramènerai ici dès que vous aurez vu votre père, dès que vous l'aurez consolé en l'embrassant, et les bonnes nouvelles que vous rapporterez rendront bien doux le réveil de votre mère.

Il n'en fallait pas tant pour triompher complètement de l'indécision de Blanche.

Rodille avait bataille gagnée.

L'enfant, rassurée et confiante désormais, saisit la main qu'il lui tendait et le suivit docilement.

Ils ne rencontrèrent personne dans l'escalier, la rue était déserte. Le bandit, une fois hors de la maison, prit Blanche dans ses bras pour aller plus vite et gagna le boulevard en quelques minutes.

Là il monta dans un fiacre et dit au cocher :

— Place du Palais-Royal... et bon train.

Le véhicule s'ébranla.

La petite Blanche n'avait rien mangé depuis la veille ; elle était affaiblie par la privation de nourriture, et brisée d'ailleurs par la fatigue et par les violentes émotions de cette journée... A peine sa tête eut-elle touché les coussins du fiacre, qu'elle s'endormit d'un lourd sommeil.

Arrivé à la place du Palais-Royal, qu'il venait d'indiquer au hasard et dans le but unique de dépister les recherches qui plus tard pourraient être faites, Rodille descendit avec l'enfant, toujours endormie, sur son épaule. Il prit une autre voiture et se fit conduire dans le haut des Champs-Élysées, à l'endroit qui se nomme aujourd'hui le rond-point de l'Étoile.

Là il mit pied à terre de nouveau, et, parfaitement certain que l'enquête la mieux ordonnée et la mieux conduite ne pourrait faire retrouver ses traces et celles de l'enfant qu'il enlevait, il se dirigea vers la petite maison de l'avenue de Neuilly où, sous le pseudonyme et sous le déguisement du père Legrip, il avait coutume de traiter avec sa clientèle de voleurs.

Le plan de Rodiile, nous le savons, était simple et bien combiné dans tous ses détails.

Après avoir assassiné la malheureuse Ursule Renaud et le baron de Viriville, le misérable avait pris ses mesures avec une habileté diabolique pour rendre Jean Vaubaron responsable de ces deux crimes. Nous l'avons vu à l'œuvre.

Il agissait ainsi afin d'arriver à un double but : détourner de lui d'abord les soupçons de la justice en les égarant sur un autre; ensuite s'emparer librement de la petite Blanche, qui, n'ayant plus personne pour veiller sur elle, ne pourrait lui échapper.

Blanche, nos lecteurs ne l'ont point oublié,

réprésentait aux yeux de Rodille une valeur de dix mille francs, Fritz Horner, le magnétiseur, ayant offert de payer cette somme en échange de la précoce somnambule.

Tout avait réussi, la récompense pécuniaire semblait acquise, mais Rodille était trop bien avisé, trop prudent, trop habile, pour livrer si vite au médecin allemand l'enfant volée.

Sans aucun doute, tout au moins pendant quelques jours, on allait s'occuper dans le quartier du Marais de la disparition soudaine de la petite fille de Jean Vaubaron, l'assassin.

Or, cette disparition, concordant d'une façon parfaitement exacte avec l'arrivée de Blanche dans la maisonnette du boulevard du Temple, ne manquerait point de donner lieu à de dangereux commentaires, qu'il fallait éviter à tout prix.

En conséquence Rodille avait décidé que, pendant deux ou trois semaines, il cacherait l'enfant à tous les regards et ne la ferait reparaître que lorsque la curiosité publique, qui se fatigue et qui s'use si vite à Paris, serait captivée par quelque événement nouveau.

Aucun asile plus sûr, plus mystérieux, plus inviolable, ne se pouvait offrir que la double maison de l'avenue de Neuilly, et c'est vers cette maison, en effet, que nous venons de voir Rodille se diriger avec Blanche.

Au moment où, après s'être assuré que la solitude était complète autour de lui, il introduisait la clef dans la serrure, la petite fille se réveilla et poussa un gémissement étouffé.

— Mon enfant, demanda le misérable avec la même intonation caressante qu'il savait si bien donner à sa voix, souffrez-vous ?

— Oui, monsieur, beaucoup, balbutia Blanche. J'ai mal dans tout mon corps et les yeux me brûlent... mais il me semble que quand j'aurai vu mon papa, je ne souffrirai plus... Nous reste-t-il encore bien du chemin à faire?...

— Nous sommes arrivés, mon enfant.

Blanche eut un tressaillement joyeux.

— Alors, reprit-elle d'une voix plus forte, dans un instant j'embrasserai mon pauvre papa... Quel bonheur !...

— Oui, chère petite, dans quelques minutes..., répondit Rodille en ouvrant la porte.

IV

Deux ou trois fois, pendant que le fiacre du commissaire parcourait l'espace qui sépare l'extrémité de la rue du Pas-de-la-Mule de la Conciergerie, le magistrat adressa la parole au prisonnier.

Il n'obtint aucune réponse, et cela par la meilleure de toutes les raisons : c'est que le mécanicien n'entendait point les questions et se trouvait d'ailleurs dans l'impossibilité physique de prononcer un seul mot.

Il n'était point privé de connaissance, cependant. Ses yeux restaient ouverts, ses lèvres remuaient, ses jambes auraient pu le soutenir, le corps vivait enfin ; mais un sommeil, ou plutôt un engourdissement momentané, paralysait absolument la mémoire et l'intelligence.

La situation morale de Jean Vaubaron pouvait se comparer à celle d'un homme qui vient de recevoir à l'improviste un coup terrible sur la tête, et qui, dans l'étourdissement qui suit ce choc, est privé pour un instant du souvenir, de la pensée et de la parole.

Un tel état, plus commun qu'on ne le pense à la suite de grands malheurs imprévus, pourrait, ce nous semble, recevoir le nom de *catalepsie intellectuelle.*

Deux heures s'étaient écoulées depuis le moment de l'arrestation, quand le mécanicien rentra peu à peu en possession de la lucidité de son esprit.

Il se trouvait alors dans une cellule voûtée, parfaitement propre, mais de dimensions exiguës, et qui ne recevait un peu de lumière que par un étroit soupirail, muni de forts barreaux de fer disposés en forme de croix et pratiqué à une assez grande hauteur.

Cette lueur bleuâtre et sépulcrale permettait à peine de distinguer les murailles nues en pierres de taille, le lit de bois brut, la chaise, la cruche et le baquet constituant tout le mobilier du cachot.

Jean Vaubaron, en revenant à lui-même, regarda ces objets sinistres avec un morne étonnement.

Il ne comprit pas tout d'abord.

— Où suis-je? se demanda-t-il comme un homme

qui s'éveille. Quel est ce lieu étrange, et qui m'a conduit ici?...

Par un geste naturel et tout machinal, il voulut porter ses deux mains à son front pour en éloigner les brumes qui voilaient encore sa pensée.

Il tressaillit en éprouvant une faible résistance, en entendant un bruit de ferraille, en ressentant aux poignets une sourde douleur.

Ses yeux s'abaissèrent vers ses mains. Un cri s'échappa de ses lèvres, ses cheveux se hérissèrent, et le frisson du désespoir et de l'épouvante passa sur sa chair.

Il avait les menottes!

— Malheureux!... malheureux que je suis! balbutia-t-il en se souvenant tout à coup de tout ce qui venait de se passer. Je suis prisonnier... je suis accusé d'un crime infâme et me voici enchaîné dans un cachot, tandis que Marthe se meurt peut-être, en m'appelant vainement. Ah!... Dieu m'abandonne, et je suis perdu...

Vaubaron se courba sous le poids écrasant de l'un de ces découragements immenses qui ne laissent aucune place au plus faible, au plus vague espoir. A vingt reprises il se répéta : *Oui, je suis perdu...* Sa tête se pencha sur sa poitrine que soulevèrent des sanglots convulsifs, et des ruisseaux ou plutôt des torrents de larmes s'échappèrent de ses yeux.

Ces larmes abondantes lui apportèrent quelque soulagement en dégonflant un peu son cœur oppressé. Un calme relatif succéda à ces déchirantes angoisses qui peuvent en une heure blanchir les cheveux sur une tête jeune encore. Une vague lumière apparut au milieu des épaisses ténèbres qui de toutes parts l'enveloppaient.

— Pourquoi désespérer ainsi? se demanda-t-il. Est-ce donc la première fois qu'un innocent se trouve compromis par des apparences fatales?... Non, certes!... Beaucoup ont souffert, beaucoup ont pleuré comme moi, et sont sortis vainqueurs de l'épreuve.

« Je suis accusé d'un double crime, il est vrai, crime dont j'ignore encore à cette heure le but et les détails... Mais une accusation se renverse sans peine quand elle n'est étayée que sur l'erreur et sur le mensonge... Il ne saurait y avoir de preuves contre moi, puisque je ne suis pas coupable... Ma vie tout entière est là, qui répond de mon innocence... Il me suffira d'un instant pour triompher de l'imposture, pour balayer les charges, quelles qu'elles soient, sous le fardeau desquelles on prétend m'écraser... Le magistrat qui va m'interroger comprendra, au bout de quelques minutes, que la justice a fait fasse route et que, pour trouver un criminel, il faut chercher ailleurs... Il s'empressera d'ordonner ma mise en liberté et je pourrai rejoindre bien vite ma femme et mon enfant... Ah! puisse Dieu permettre que cette accusation maudite n'ait pas frappé mortellement ma pauvre Marthe, si faible, si brisée!... Puisse Dieu la protéger et permettre que je la retrouve vivante!

Hélas! c'est au moment précis où Vaubaron prononçait ces mots que Marthe expirait sur le carreau de sa chambre, après une agonie effrayante et désespérée!... Tandis que, s'oubliant lui-même, l'infortuné demandait à Dieu de veiller sur elle, l'âme de la pauvre femme s'envolait!...

. . . .

Des murmures, faibles et lointains d'abord, mais qui ne tardèrent point à se rapprocher, arrivèrent jusqu'au cachot, et captivèrent l'attention du mécanicien, pour qui tout événement, — c'était du moins sa conviction ardente et profonde, — devait être un pas fait vers la justification et la liberté.

On entendait grincer des serrures cyclopéennes, des portes massives tourner sur leurs gonds et des pas lourds retentir sur les dalles.

Une dernière porte s'ouvrit, une lumière plus vive pénétra dans le cachot, un groupe d'hommes parut sur le seuil.

Ce groupe se composait du directeur de la Conciergerie, de deux agents et de deux gendarmes.

Vaubaron se trouvant au secret, en raison de la nature et de l'énormité de l'accusation qui pesait sur lui, le directeur devait et voulait s'assurer par lui-même que toutes les précautions étaient bien prises et que le prévenu ne pourrait établir aucune communication avec le dehors en se rendant au cabinet du juge d'instruction.

Nulle parole ne fut prononcée. Le mécanicien, devinant de quoi il était question, se leva sans attendre que l'ordre lui en eût été donné.

— Ah ! que Dieu soit béni ! se dit-il à lui-même. Je vais donc en finir avec cette effroyable incertitude !... On va m'entendre !... on va me rendre justice !... Avant une heure je serai libre !

Chacun des gendarmes passa son bras sous l'un des bras de Jean Vaubaron. Les deux agents éclairèrent la marche. Le directeur suivit, et tous se dirigèrent, par des escaliers étroits et des couloirs tortueux, vers l'intérieur du vieux Palais de Justice.

Rien de plus sinistre que cette marche rapide et silencieuse à travers ces sombres dédales que depuis des siècles tant de crimes et tant de douleurs ont traversés.

A plusieurs reprises il fallut passer au milieu des groupes, car, chose étrange et inexpliquable ! en 1830 les corridors de service n'étaient point interdits au public, et, aujourd'hui encore, dans certaines parties du palais neuf, les prévenus suivent, pour se rendre à l'instruction le même chemin que les témoins, les magistrats et les avocats.

Tous les regards se fixèrent avec une avide curiosité sur cet homme aux mains enchaînées, qui marchait entre deux gendarmes.

Sous le poids de ces regards, Vaubaron sentait l'ardente rougeur de la honte brûler son visage; il suffoquait, et quand il entendait murmurer à demi-voix sur son passage : — *C'est l'assassin de la rue du Pas-de-la-Mule!...* il aurait voulu mourir foudroyé pour se dérober à cet indicible, à cet insupportable supplice.

Enfin le prisonnier et ses gardiens arrivèrent dans une sorte de galerie, située à un étage élevé du palais et sur laquelle s'ouvraient un grand nombre de portes numérotées.

Ces portes donnaient accès dans les cabinets de MM. les magistrats instructeurs.

L'une d'elles fut désignée par le directeur, et les gendarmes en franchirent le seuil avec le prévenu, dont ils n'avaient pas un seul instant lâché les bras pendant le trajet.

Là, Vaubaron se trouvait en présence du juge auquel l'instruction de son affaire était confiée, et qui, muni des pouvoirs discrétionnaires les plus étendus, pouvait, après un premier interrogatoire, ordonner la mise en liberté immédiate, ou convertir le mandat d'amener en mandat de dépôt.

Ce magistrat était un homme de cinquante ans environ, d'un extérieur distingué, d'une physionomie calme, sérieuse et impénétrable. Son front déjà dégarni offrait ces protubérances qui, presque sans exception, dénotent une intelligence remarquable. Il portait des lunettes montées en or, destinées bien moins à suppléer à l'insuffisance de sa vue qu'à atténuer ou plutôt à dissimuler sous leur voile cristallin le trop vif éclat de son regard investigateur et pénétrant.

Souvent, presque toujours, l'interrogatoire est un duel mystérieux et terrible entre le magistrat et le prévenu.

Le premier, vivante incarnation de la loi, lutte avec toute l'énergie de sa conscience et de son talent, dans l'intérêt de la justice et de la vérité.

Le second combat pour lui-même. C'est sa liberté qu'il défend, c'est quelquefois sa tête.

Aussi, sous les plafonds bas, sous les quatre murs tapissés de papier vulgaire de ces cabinets étroits, la clairvoyance du magistrat, clairvoyance tellement vive que souvent elle arrive jusqu'au génie, et l'astuce machiavélique du coupable qui veut paraître innocent, se livrent une bataille dont rien au monde n'égale le sombre intérêt et dont les combinaisons, savantes de part et d'autre, laissent bien loin derrière elles les plus subtiles inventions des romanciers.

Dans des luttes pareilles, où le plus léger indice peut servir de base à un commencement de certitude, un froncement de sourcils, une expression fugitive de colère ou d'embarras, un éclair mal éteint traversant le regard, suffisent souvent, on doit le comprendre, pour décider la victoire de la justice sur l'infamie.

Mais, de même que le prévenu, le magistrat doit veiller sur son visage et le rendre muet comme un masque. En effet le coupable, averti par un mouvement de triomphe à peine appréciable, peut s'apercevoir qu'il s'enferre, s'arrêter à temps et revenir sur ses pas. Or, on commande facilement aux lèvres de se taire, mais non point aux yeux de ne point parler. Les yeux sont indiscrets et laissent lire dans leur cristal mobile les moindres impressions de l'âme.

C'est pour obvier à cet inconvénient presque inévitable que le magistrat portait des lunettes.

Au moment où Vaubaron et les gendarmes entrèrent dans le cabinet, le juge d'instruction prit place derrière son vaste bureau, sur lequel se voyaient divers objets, entre autres un burin de graveur, une corde à nœuds munie d'un crochet à l'une de ses extrémités, un billet de banque plié en quatre, un petit écrin en chagrin rouge, une liasse mince de papiers timbrés et un volumineux rapport qui semblait tout fraîchement écrit (c'était le rapport du commissaire de police chargé, quelques heures auparavant, de procéder à l'arrestation).

Le greffier du magistrat s'assit, en même temps que le juge, à une petite table occupant une partie de l'embrasure de la fenêtre, près de l'extrémité du bureau, et disposa en bon ordre devant lui son encrier, ses plumes et plusieurs feuilles de grand papier.

Quand il franchit le seuil de cette pièce, où son sort allait se décider, Vaubaron était dans un état d'agitation nerveuse tellement violent qu'il tremblait de tous ses membres.

Il s'aperçut avec angoisse de cette défaillance de son être.

— Mon Dieu ! se dit-il, je tremble comme un coupable... Le juge qui va m'interroger peut supposer que c'est la peur et le remords qui me font frissonner ainsi, et ce sera contre moi une prévention nouvelle, la plus grave peut-être de toutes... Tout se réunit pour m'accabler...

Alors, cédant à une impulsion soudaine et irrésistible, il s'écria :

— Monsieur, je vous demande justice !... Pour d'autres vous êtes un juge... pour moi vous serez un sauveur... Jamais coupable n'a subi les tortures que je souffre depuis ce matin, et pourtant je suis innocent... Oui, par le Dieu vivant qui m'écoute, par ma femme et par mon enfant que j'aime, je vous jure, monsieur ! que je suis innocent !...

V

Le juge d'instruction ne répondit pas.

D'un geste rapide, qui lui était familier, il assujettit ses lunettes à branches d'or et, pendant quelques secondes, il étudia les traits de Vaubaron avec une attention profonde.

— Cet homme n'a vraiment point mauvaise figure, se dit-il après avoir terminé son examen.

Mais il ne prétendit déduire de cette simple remarque aucune conclusion favorable au prévenu.

Dans le cours de sa carrière déjà longue il avait vu si souvent passer devant lui d'abominables coquins doués de très honnêtes apparences, qu'il ne croyait plus aux visages.

Ce cri que venait de pousser le mécanicien était émouvant sans doute et semblait partir du cœur;

mais cela ne prouvait absolument rien, sinon, peut-être, que Vaubaron était un profond comédien en même temps qu'un grand criminel.

Les yeux troublés du mécanicien espéraient découvrir quelque symptôme fugitif de compassion sur la figure du magistrat. Ils n'aperçurent qu'une froideur marmoréenne, indice vraisemblable d'incrédulité.

Le cœur de Vaubaron se serra et la fiévreuse espérance qui le soutenait depuis un instant s'évanouit pour céder de nouveau la place à ce découragement immense dont nous avons déjà parlé.

— Approchez... dit le juge, d'une voix calme et sans intonation, qu'il avait su se composer avec une extrême habileté et qui devenait son organe habituel pendant toute la durée des interrogatoires.

Vaubaron essaya d'obéir, mais il chancela.

Les gendarmes le poussèrent en avant.

— Vous semblez souffrant, reprit le juge ; vous pouvez vous asseoir...

Le mécanicien se laissa tomber, plutôt qu'il ne s'assit, sur une chaise de paille, placée près du large bureau dont l'épaisseur seule le séparait du magistrat.

Ce dernier continua :

—Votre émotion, votre trouble sont évidents, et je veux les croire sincères... Remettez-vous... J'attendrai quelques minutes, s'il le faut, avant de vous questionner... Les charges qui pèsent sur vous sont telles que vous aurez besoin de tout votre calme, de tout votre sang-froid, de toute votre liberté d'esprit pour me répondre...

Quoique prononcées de ce ton glacial et monocorde que nous avons signalé, ces paroles étaient en somme bienveillantes, ou tout au moins rassurantes.

Elles indiquaient que la situation du prévenu paraissait très grave au juge, mais elles dénotaient non moins clairement que la défense serait écoutée avec une grande attention et pesée avec une impartialité rigide.

Vaubaron se sentit un peu raffermi et fit sur lui-même un violent effort afin de dominer son agitation et son trouble.

Il y parvint au bout d'une minute, et se sentit assez maître de lui pour murmurer d'une voix faible :

— Je suis à vos ordres, monsieur... je me crois capable de répondre aux questions que vous jugerez convenable de m'adresser...

Le juge d'instruction avait employé le très court instant de silence du prévenu à parcourir de nouveau le rapport du commissaire de police, rapport qu'il savait déjà presque par cœur, et à prendre quelques notes au crayon sur un carré de papier.

— Mathieu, dit-il à son greffier, je commence.

Le jeune employé trempa sa plume dans l'encre et se composa l'attitude d'un homme qui se prépare à écrire.

— Votre nom ? demanda le magistrat.

— Jean Vaubaron.

— Votre âge ?

— Vingt-six ans et six mois.

— Où êtes-vous né ?

— A Paris.

— Êtes-vous marié ?

— Oui.

— Avez-vous des enfants ?

— Une petite fille.

— Quel est votre état ?

— Je suis mécanicien.

— Possédez-vous d'autres ressources que les produits de votre travail ?

— Aucune, pour le présent du moins.

— Pour le présent, dites-vous !... Sur quoi comptez-vous donc pour l'avenir ?

— Sur le produit de deux inventions importantes qui doivent, à coup sûr, me rapporter de très fortes sommes.

— Avez-vous été précédemment traduit en justice ?... Avez-vous subi quelque condamnation antérieure ?

Cette question, de pure forme et qui s'adresse à tous les prévenus, fit tressaillir Vaubaron comme un coup de fouet.

— Jamais, répondit-il avec force, oh ! jamais !... et je croyais bien vivre et mourir sans que la justice sût seulement que j'existais.

Après ces interrogations générales et préliminaires, le juge d'instruction s'interrompit pendant une ou deux secondes.

Il semblait réfléchir, en étudiant certaines expressions du rapport placé devant lui.

Tout à coup il releva la tête. Il attacha sur le prévenu un regard perçant, et il demanda brusquement :

— Avez-vous connaissance des crimes dont vous êtes présumé l'auteur et qui vous amènent devant moi ?...

Vaubaron devint plus pâle encore qu'il ne l'était un instant auparavant.

Il répliqua néanmoins, sans hésitation comme sans faiblesse :

— Non, monsieur, non, cent fois non !... ces crimes je ne les connais pas... Le commissaire de police en m'arrêtant ce matin, au sein de ma famille, m'a dit que j'étais prévenu d'un assassinat et d'un vol !... voilà tout ce que je sais. J'ai repoussé avec une indignation légitime cette monstrueuse et folle accusation, et j'ignore même, au moment où je vous parle, le nom de ma victime prétendue.

— Ces victimes sont au nombre de deux... interrompit le juge d'instruction. Une femme jeune encore et un vieillard infirme ont péri, lâchement frappés...

Vaubaron fit un geste d'horreur.

— Un vieillard ! balbutia-t-il. Une femme ! et c'est moi qu'on accuse ?

Il voulut élever ses deux mains vers son visage pour le cacher mais, comme dans le cachot une heure auparavant, les menottes alourdirent ses poignets, et ses bras retombèrent inertes sur ses genoux, tandis que de grosses larmes coulaient le long de ses joues.

Le juge d'instruction continua :

— Ce vieillard, votre voisin le plus proche, se nommait le baron de Viriville... La seconde victime était employée chez lui à titre de femme de charge et s'appelait Ursule Renaud... Connaissiez-vous le baron de Viriville ?

— Je savais qu'il habitait l'hôtel qui touche à la maison où je demeure avec ma famille, et je l'avais vu deux ou trois fois passer dans sa voiture...

— Aviez-vous eu des rapports personnels avec lui ?

— Jamais.

— Vous n'ignoriez point qu'il possédait une grande fortune ?...

— Je l'avais entendu dire et d'ailleurs, dans le quartier, personne n'ignorait que M. de Viriville vivait en homme riche.

— Connaissiez-vous Ursule Renaud ?

— Non.

— Pas même de vue ?

— Non, monsieur, pas même de vue.

Après une ou deux secondes de silence, pendant lesquelles le juge d'instruction parut se recueillir, sans détacher néanmoins son regard investigateur du visage de Vaubaron, l'interrogatoire continua :

— Pouvez-vous me dire, demanda le magistrat, de quelle façon la femme de charge, Ursule Renaud, et le baron de Viriville ont été assassinés ?...

— Comment me serait-il possible de vous répondre, puisque j'ignore absolument ce que vous me demandez ?...

— Alors, c'est moi qui vais vous instruire... La femme de charge a été foudroyée par une forte dose d'un poison dont la dose n'est point encore déterminée.... l'*acide prussique* selon toute apparence... Ce premier crime accompli, l'assassin s'est introduit dans la chambre du vieillard, et l'a frappé en pleine poitrine avec un instrument aigu... Le coup, porté d'une main sûre, a dû déterminer une mort immédiate.

— Ah! balbutia Jean Vaubaron, c'est horrible!...

— Horrible, en effet, car la manière dont le double assassinat a été commis démontre jusqu'à l'évidence un plan savamment combiné, lentement mûri, et mené à bonne fin avec le plus hideux sang-froid... L'homme capable de concevoir et d'exécuter un tel forfait est un de ces monstres, vomis par l'enfer, dont le nom doit être voué à la haine et à l'exécration des générations à venir.

— Pour un tel monstre, s'écria le mécanicien avec feu, la mort sur l'échafaud serait une peine trop douce... Il faudrait pour cet homme inventer des supplices, et renouveler les tortures du temps qui n'est plus!...

— Est-ce véritablement votre pensée?

— Ah! monsieur, je le jure et je vous supplie de n'en pas douter!

Le juge d'instruction prit sur son bureau l'un des objets qui s'y trouvaient déposés et plaça cet objet sous les yeux de Vaubaron, mais sans le lui laisser examiner de trop près.

— Qu'est-ce que cela? lui demanda-t-il.

— Cela, répondit le prévenu sans hésiter, c'est un burin de graveur.

— Le reconnaissez-vous?

— Les burins se ressemblent tous.

— Regardez avec attention le manche de celui-ci, poursuivit le magistrat en rapprochant l'instrument des yeux du mécanicien. N'y voyez-vous rien de particulier?...

Vaubaron ne put retenir un geste de stupeur.

— Ah! ah!... continua le juge d'instruction, il me semble que cet outil ne vous est point inconnu... Ces deux lettres gravées dans le bois sont remarquables en effet... Un J. et un V, si je ne me trompe... Votre nom de baptême n'est-il pas Jean?...

— Oui, monsieur.

— Le J et le V, par conséquent, sont vos initiales... Ce burin vous aurait-il appartenu?...

— Je ne fais aucune difficulté d'en convenir.

— Il est presque neuf... Par quel hasard est-il sorti de vos mains, si toutefois il en est sorti?...

— Ce n'est point un hasard. Dans un pressant besoin d'argent j'ai vendu cet outil, avec plusieurs autres, à un brocanteur.

— Ah! vous avez vendu?...

— Oui, monsieur.

— Quand?

— Avant-hier.

— A un brocanteur, dites-vous?

— Oui, monsieur.

— Le nom de ce brocanteur?

— Laridon.

— Il demeure...?

— Rue du Pas-de-la-Mulé, au rez-de-chaussée de la maison même que j'habite.

Le juge d'instruction prit une feuille de papier portant un en-tête et plusieurs lignes imprimées. Il écrivit quelques mots. Il signa, et, faisant signe à l'un des gendarmes qui s'approcha respectueusement, il lui dit, en lui donnant la feuille de papier qui n'était autre chose qu'un mandat de comparution :

— Prenez une voiture, allez chercher l'homme désigné dans ce mandat, ramenez-le sur-le-champ et veillez à ce qu'il apporte avec lui le registre qui doit contenir la mention de ses achats de chaque jour.

Le gendarme ébaucha le salut militaire et sortit du cabinet en faisant résonner son sabre et ses éperons.

Jean Vaubaron, quoique innocent, ou plutôt parce qu'il était innocent du crime monstrueux dont on l'accusait, se trouvait en réalité dans une situation plus défavorable que s'il avait véritablement commis ce crime.

Voici pourquoi et voici comment :

Un criminel (nous parlons, bien entendu, d'un de ces habiles scélérats qui savent tout prévoir, tout calculer, et dont les réponses sont des modèles de prudence et de tact), un criminel, disons-nous, aurait deviné sans peine le plan du magistrat instructeur et l'enchaînement logique des questions auxquelles il allait avoir à répondre.

En conséquence, il aurait fait des efforts surhumains et probablement heureux pour inventer des mensonges adroits, des faussetés vraisemblables, propres à jeter du doute dans l'esprit du juge, et à envelopper de voiles obscurs et protecteurs les faits accomplis.

Jean Vaubaron, au contraire, en vertu de son ignorance presque absolue du double forfait et de ses détails, ne pouvait répondre que la vérité, sans art et sans fard, sans hésitation et sans réticences.

Or, les apparences les plus formidables se réunissant contre lui, chacune de ses paroles devait fatalement, bien loin de le justifier, augmenter les préventions défavorables et fournir de nouveaux arguments à l'accusation, de nouveaux éléments à la conviction.

De toutes les chocs de ce monde l'innocence devient, sans contredit, la plus difficile à prouver, lorsque par malheur un *alibi* bien constaté fait défaut à la victime d'une erreur judiciaire.

Le mécanicien, en outre, était loin de jouir de cette complète liberté d'esprit, de cette lucidité de jugement dont il aurait eu un si grand besoin pour se défendre à armes égales.

Étourdi par ces chocs successifs et terribles, sa

pensée devenait peu à peu vague et confuse, comme celle d'un homme qui subit l'obsession d'un mauvais rêve. Il conservait la faculté d'entendre et de parler, mais il ne comprenait que très imparfaitement les choses en apparence les plus claires.

Ainsi, il ne devinait nullement pourquoi le burin de graveur, vendu par lui à Laridon, se trouvait sur le bureau du magistrat ; il ne se disait pas que ce burin, sans doute, avait servi à l'accomplissement du meurtre. Il ne frémissait pas, enfin, à la pensée des armes foudroyantes que cet instrument sorti de ses mains donnait contre lui au représentant de la justice humaine.

Le juge d'instruction feuilleta de nouveau le rapport du commissaire de police.

Il examina la petite liasse de papiers timbrés joints à ce rapport, puis il reprit l'interrogatoire.

— Vous aviez des dettes ? demanda-t-il.

— Oui, monsieur.

— Nombreuses et importantes?

— Non, monsieur, quoique cependant la moindre dette acquière bien vite une importance trop réelle, quand des circonstances difficiles ne permettent pas de s'acquitter aussi promptement qu'on souhaiterait le faire.

— Pouvez-vous m'indiquer la somme à laquelle s'élevait votre passif?

Le mécanicien réfléchit pendant quelques secondes et formula un chiffre approximatif.

— Vous avez signé des billets? continua le juge.

— Un seul.

— J'ai sous les yeux un billet de deux mille francs, souscrit au profit de MM. Malher et Ce, constructeurs de machines, et dont l'huissier Baudier était chargé de poursuivre le remboursement. Est-ce de celui-là que vous parlez?

— Oui, monsieur.

— Les frais ont été considérables... Deux cent soixante-quinze francs.

— C'est bien cela.

— Ce billet entraînait la contrainte par corps. Le saviez-vous?

— Je le savais.

— Le commandement vous avait été signifié hier.

— Oui, monsieur.

— Aujourd'hui même, par conséquent, vous pouviez être arrêté et conduit à Sainte-Pélagie... Vous le saviez aussi?

— Oui, monsieur.

— Jamais position ne fut plus critique que la vôtre, puisque déjà la prison pour dettes ouvrait ses portes pour vous recevoir. Comment se fait-il que vous ayez attendu au dernier moment pour vous acquitter?

— Il m'avait été impossible de le faire plus tôt.

— Ne pouviez-vous du moins solder le montant du billet et le retirer des mains de l'huissier, hier, dans la journée ou dans la soirée ?

— Non, monsieur.

— Interrogé à ce sujet par M. le commissaire de police, vous avez répondu que l'argent vous était arrivé seulement cette nuit... Persistez-vous dans cette affirmation ?

— Oui, monsieur, car elle est conforme à la vérité.

— Combien prétendez-vous avoir reçu ?

— Quatre mille francs.

— De qui ?

— D'un homme que je ne connais pas.

Vaubaron prononça ces derniers mots d'une voix un peu tremblante. Pour la seconde fois il comprenait qu'il y avait là un grand danger.

L'aventure de la nuit précédente lui semblait à lui-même tellement étrange, qu'elle devait paraître tout à fait impossible à des auditeurs prévenus. Il ne se le dissimulait pas.

Le magistrat et son greffier échangèrent un regard semblable à celui qui s'était échangé, le matin de ce même jour, entre le commissaire de police et les deux agents.

— Jean Vaubaron... reprit ensuite le juge d'instruction, dans votre propre intérêt, je crois devoir vous engager à bien réfléchir avant de passer outre. Renoncez, croyez-moi, à un système insoutenable... Une complète et salutaire sincérité soulagerait votre conscience et, sans doute, il vous en serait tenu compte.

— Hélas! monsieur, balbutia le mécanicien, je vois trop bien que vous doutez de ma parole! Ce que je vous dis est vrai, pourtant; je vous le jure, et je ne saurais mentir.

Le visage impassible du magistrat sembla devenir plus glacial, plus marmoréen encore que de coutume. Évidemment, sous cette froide enveloppe, une révolte intérieure bouillonnait contre l'astuce maladroite, contre l'absurde hypocrisie du scélérat qui lui répondait ainsi.

— Cet homme que vous ne connaissez pas, continua-t-il, et qui vous a donné ou prêté quatre mille francs pour payer vos dettes, où donc l'avez-vous rencontré?

— Je ne l'ai point rencontré, monsieur, c'est chez moi, c'est dans mon propre logis qu'il est venu.

— A quelle heure?

— Je pense qu'il devait être environ deux heures du matin.

— Vous étiez couché, sans doute?

— Non, pas encore.

— Il était tard, cependant!... Que faisiez-vous?

— Je mettais la dernière main à une nouvelle mécanique de mon invention.

— L'inconnu a sonné, alors, et vous lui avez ouvert?

— Non, monsieur, je ne lui ai point ouvert.

— Comment donc est-il entré?

— Je l'ignore.

— Vous l'ignorez! C'est plus que bizarre!... Ce bienfaiteur anonyme était-il, selon vous, quelque fantastique apparition?

— Je ne puis que vous raconter, monsieur, comment les choses se sont passées. Consentez-vous à m'entendre?

— Quoi que vous ayez à me dire, mon devoir est de vous écouter, et je vous écoute en effet avec attention. Parlez.

— La nuit dernière était très orageuse, commença le mécanicien. Je me sentais accablé par la fatigue et par la chaleur. Je m'endormis sur ma chaise, auprès de mon établi. La lueur d'un éclair me réveilla, et j'aperçus en face de moi un homme que je n'avais jamais vu auparavant, et dont une barbe brune très épaisse couvrait en partie le visage. Dans le premier moment je crus que cet homme me menaçait, et je m'apprêtai à me défendre. Il s'empressa de me rassurer. Je lui demandai qui il était : « *Je suis un envoyé de la Providence*, me répondit-il. *Je viens vous sauver. Je vous connais, et je m'intéresse à vous. Vous avez des dettes, vous êtes poursuivi. Je vous apporte la liberté.* » En même temps il laissait tomber sur l'établi quatre billets de banque de mille francs. La rconnaissance m'étouffait. Je ne trouvais pas de mots pour le remercier. Je ne pouvais que balbutier des phrases sans suite. Il m'interrompit. Je le suppliai de m'apprendre au moins son nom. Il refusa, et me dit adieu. Voilà la vérité, monsieur le juge, voilà la vérité tout entière.

— Et cet homme, demanda le magistrat, disparut-il comme une apparition, ainsi qu'il était venu ?

— Non. Je lui ouvris la porte de mon logement, et je l'éclairai dans l'escalier.

— Et vous ne vous êtes point demandé comment il était entré chez vous ?

— Je me suis adressé cette question, au contraire, mais je n'ai pu me répondre.

— La fenêtre était-elle ouverte ?

— Oui, monsieur.

— Comment ne supposez-vous pas, alors, que l'inconnu dont vous parlez est arrivé par cette fenêtre ?

— Parce qu'il est absolument impossible, depuis la rue, d'atteindre le balcon, à moins d'avoir des ailes.

— Ou une échelle, je suppose?

— C'est vrai, mais le moyen de se procurer une échelle au milieu de la nuit?

Le juge d'instruction prit la corde à nœuds, munie d'un crampon d'acier, qui reposait parmi les pièce à conviction, et la montra au mécanicien.

— Connaissez-vous ceci? lui demanda-t-il.

— Non, répondit Vaubaron très étonné de cette question.

— Vous n'avez jamais vu la corde que voilà?

— Jamais.

— Vous en avez la certitude?

— Oui, monsieur, la certitude la plus absolue.

— Cette corde, cependant, était encore attachée à votre balcon il y a deux heures; elle établissait une communication facile entre votre logis et la cour intérieure de l'hôtel du baron de Viriville.

— Ah!... fit le mécanicien comme un homme qui s'éveille. Mais alors, cette corde a pu servir pour monter chez moi?

— Cela n'est pas douteux.

— Mais alors, poursuivit Vaubaron avec véhémence, cet homme, cet inconnu que je regardais comme un bienfaiteur, il doit être, il est à coup sûr l'auteur du double crime commis dans la maison voisine, et les billets de banque, ces billets tachés de sang qu'il me donnait avec une si étrange générosité, étaient une partie des dépouilles de la victime! Et j'ai béni ce monstre! et j'ai touché ces billets sanglants! Ah! cette pensée m'épouvante! ce souvenir me glace d'horreur!...

— Est-ce là votre nouveau système de défense? demanda le juge d'instruction.

— Mon système de défense, monsieur! Eh! je ne songe même pas à me défendre d'un crime impossible, auquel, dans un instant, vous ne croirez plus vous-même. Cette corde suspendue au balcon et dont j'ignorais la présence vient d'être pour moi une révélation tout entière. Tout ce que je ne pouvais comprendre m'est enfin expliqué! les ténèbres qui m'enveloppaient se dissipent! la vérité m'apparaît lumineuse! Le vrai, le seul coupable, celui qu'il faut chercher, qu'il faut trouver, qu'il faut punir, l'infâme assassin d'une femme et d'un vieillard, c'est l'homme que j'ai vu, l'homme que je reconnaîtrai partout!...

Après avoir prononcé avec une fiévreuse ardeur les paroles que nous venons de reproduire, le mécanicien s'arrêta, haletant, suffoqué, presque défaillant.

Il était pâle, ses yeux étincelaient d'un feu sombre, et de grosses gouttes de sueur coulaient sur son front.

Il regarda tour à tour d'un œil effaré et suppliant le juge d'instruction et son secrétaire.

La physionomie du magistrat était impénétrable comme toujours, mais l'incrédulité la plus complète se lisait clairement sur le visage expressif du greffier, moins expérimenté et moins habile à dissimuler ses impressions.

Alors, malgré les menottes infamantes qui serraient ses poignets et gênaient ses mouvements, le malheureux Vaubaron joignit ses deux mains par un geste de désespoir, et balbutia d'une voix brisée :

— O mon Dieu!... vous ne me croyez pas!

— Il me deviendra possible de vous croire, répondit le juge d'instruction, quand vous aurez fourni à la justice les moyens de retrouver et d'amener devant moi le visiteur nocturne que vous prétendez être le vrai et le seul coupable... Jusque-là, je vous le demande, comment admettre l'existence d'un être quasi fantastique dont rien ne prouve la réalité?

— Hélas! monsieur, murmura le mécanicien avec un immense abattement, avec une profonde amertume, vous savez bien que je ne le connais pas, ce démon qui me perd, et qu'il n'est point en mon pouvoir de vous le faire découvrir... Je ne puis que vous répéter : Je suis innocent!... Le crime dont on m'accuse est le crime d'un autre!...

— Ainsi, vous persistez dans vos allégations relatives au personnage inconnu sur lequel vous prétendez rejeter la responsabilité du double forfait?...

— Oui, monsieur.

Tandis que le greffier écrivait les réponses de Vaubaron, le magistrat se disait à lui-même :

— Quelle pauvreté d'inventions !... quel aveuglement et quelle maladresse ! Comment cet homme ne comprend-il pas que d'aussi pitoyables moyens de défense ne réussiraient point à abuser même un enfant !... Il semble doué d'intelligence, cependant... mais c'est une chose étrange et frappante que ce vertige qu'à certaines heures Dieu envoie aux grands criminels !...

Après ce court monologue, le juge d'instruction reprit :

— Connaissez-vous ce bijou?...

En même temps il laissait jouer la charnière du petit écrin de chagrin rouge, et il plaçait sous les yeux de Jean Vaubaron le diamant volé dans la caisse du baron de Viriville.

Le mécanicien répondit :

— J'ai vu ce matin, pour la première fois, l'objet que vous me présentez.

— Cet objet a pourtant été trouvé sur votre établi... dans votre logement... en votre présence...

Vaubaron baissa la tête et garda le silence.

— Comment prétendez-vous expliquer et justifier sa possession?

Le prévenu répéta textuellement ce qu'il avait

dit le matin même au commissaire de police.

Tandis qu'il parlait, en se conformant à la plus littérale, à la plus scrupuleuse vérité, ses paroles résonnaient faux à son oreille. Il ressentait, en s'écoutant, la sensation que doit éprouver un homme qui entend mentir avec une effroyable impudence.

— Comment me croirait-on, se demandait-il tout bas, puisque je ne me crois pas moi-même?...

Après l'échange de ces demandes et de ces répliques, l'interrogatoire devint languissant.

Le juge d'instruction avait épuisé les grandes questions, les questions capitales qui devaient servir de base à l'acte d'accusation.

Il abordait maintenant une série d'investigations de détail, d'une importance secondaire et dans lesquelles nous nous garderons bien de le suivre.

Vaubaron, accablé, anéanti, répondait machinalement, sans presque avoir conscience de la portée plus ou moins grande de chacune de ses réponses.

Ceci dura à peu près un quart d'heure.

Enfin on entendit retentir, sur les dalles du long couloir dont nous avons parlé, les grosses bottes éperonnées du premier gendarme, et ce digne militaire reparut accompagné du brocanteur Laridon.

Le petit homme, tout à fait chauve et presque

bossu, faisait la plus piteuse figure en compagnie du gigantesque représentant de la force publique.

Tout ce qui touchait à la justice, de près ou de loin, lui inspirait, et pour cause, la plus invincible terreur et la plus naturelle répulsion.

Le fait de se voir mandé devant un juge d'instruction, bien que ce ne fût point en qualité de prévenu, constituait pour lui un événement anormal inquiétant et pénible au premier chef, tant il avait grand'peur que la fâcheuse idée ne vînt à ce juge de jeter un coup d'œil indiscret sur les opérations commerciales auxquelles il avait l'habitude de se livrer.

Aussi sa mine, au moment où il franchit le seuil du cabinet redouté, était tout à fait celle d'un renard pris au piège et, quoiqu'il s'efforçât de paraître indifférent et parfaitement calme, ses lèvres tremblantes et ses regards vacillants trahissaient sa violente agitation intérieure.

Il tenait de la main droite sa vieille casquette, car le gendarme, dans la ferveur de son zèle, ne lui avait point accordé le temps nécessaire pour changer de costume; il portait sous son bras gauche le gros registre sur lequel la loi exige que tout brocanteur consigne jour par jour ses acquisitions, avec le nom du vendeur et l'indication du domicile de ce dernier.

En voyant entrer Laridon, le mécanicien éprouva, dans sa détresse, un fugitif mouvement de joie.

— Enfin, se dit-il à lui-même, ce juge si prévenu contre moi va donc avoir la preuve matérielle et irrécusable de la vérité de l'une de mes assertions... et, quand il saura que je n'ai pas menti pour une chose si importante, peut-être sera-t-il plus enclin à reconnaître ma bonne foi pour tout le reste...

Laridon, aussitôt que la porte se fut refermée derrière lui, s'empressa de courber sa souple échine et de saluer le juge d'instruction jusqu'à terre.

Il reconnut parfaitement et du premier coup d'œil le mécanicien, mais, ne sachant quelle contenance tenir vis-à-vis de lui, il évita de le regarder.

— Asseyez-vous, lui dit le magistrat, et préparez-vous à m'écouter et à me répondre.

Laridon obéit d'autant plus volontiers que ses deux courtes jambes se dérobaient sous lui.

Quelques questions de pure forme lui furent adressées d'abord, et tandis qu'il y répondait il faisait de vigoureux efforts sur lui-même et parvenait à dominer sa première émotion.

En même temps il se demandait, avec une vive curiosité, dans quel but on l'avait fait venir et quels étaient les faits à l'égard desquels il allait avoir à déposer.

Son incertitude ne fut pas de longue durée.

— Vous connaissez cet homme?... lui dit le juge en désignant Jean Vaubaron.

— Je le connais parfaitement bien... répliqua le brocanteur; il habite le premier étage de la maison dont j'occupe le rez-de-chaussée...

Le magistrat continua :

— Lui avez-vous acheté, avant-hier, divers outils parmi lesquels se trouvait le burin de graveur que je vous représente en ce moment?... Réfléchissez avant de répondre.... cette question est de la dernière importance...

Le cœur de Vaubaron ne battait plus..., son âme tout entière se suspendait aux lèvres du brocanteur, épiant les paroles prêtes à s'envoler et qui devaient être pour lui un commencement de justification.

Laridon secoua la tête.

— Je n'ai rien acheté avant-hier... répondit-il sans hésitation, et M. Vaubaron ne m'a rien vendu...

Le mécanicien poussa un cri sourd.

— Eh quoi ! balbutia-t-il ensuite, vous avez oublié !... Non, non, c'est impossible !... un tel oubli me serait trop fatal !... Votre mémoire peut bien se trouver un instant en défaut, mais vous allez vous souvenir... vous allez me venir en aide... vous allez dire à M. le juge d'instruction que je n'ai pas menti... que je vous ai vendu des outils parmi lesquels étaient ce burin... et même que vous avez remarqué les lettres gravées sur les manches...

— Ah! certes, je voudrais de tout mon cœur pouvoir faire ce que vous me demandez, répliqua Laridon, car c'est certainement pénible de voir un voisin dans la peine ; je n'ai d'ailleurs jamais eu à me plaindre de vous, et, quoique je ne vous connaisse guère, vous m'inspirez de l'intérêt... Malheureusement il ne m'est point possible de vous satisfaire... Nous sommes ici dans un lieu que je respecte trop pour y dire autre chose que la vérité.

Vaubaron sentit qu'une sorte de rage froide s'emparait de lui et que sa tête s'égarait. Il était dans un de ces moments où le plus honnête homme, s'il trouve une arme à sa portée, frappe et tue.

— C'est infâme! oh! oui, bien infâme! cria-t-il d'une voix rauque en étendant vers le brocanteur, avec un geste de menace, ses deux mains accouplées par les menottes. Cet homme se souvient... cet homme n'a rien oublié !... il est mon ennemi ! il veut me perdre! Pourquoi? je l'ignore! mais il le veut, et son silence est le plus lâche des assassinats!... Achève donc ton œuvre, misérable! parjure-toi! jure que j'ai menti !... le châtiment ne se fera point attendre!... Je te maudis et Dieu te juge!

Laridon croyait en Dieu fort peu, et les châtiments de la justice céleste n'étaient pas ceux qu'il redoutait... Cependant il y avait quelque chose de si terrible dans les paroles et dans l'accent de Jean Vaubaron, que le cynique coquin devint pâle et qu'il chancela sur sa chaise comme s'il allait tomber en défaillance.

— Prévenu, dit d'un ton sévère le magistrat au mécanicien, n'insultez pas et ne menacez pas le témoin ! De telles violences ne peuvent qu'aggraver encore votre position déjà si grave !

Jean Vaubaron laissa tomber sa tête sur sa poitrine et garda le silence. Ses lèvres s'agitèrent doucement, mais sans articuler un son.

Il priait, il priait Dieu, Dieu qui semblait l'abandonner si complètement !

— Témoin, reprit le juge en s'adressant au brocanteur, vous maintenez votre déclaration? Le burin que voici ne vous a point été vendu avant-hier par le prévenu?

— Ni avant-hier, ni un autre jour, monsieur le juge... Je ne le lui ai jamais acheté, et il ne m'a même jamais proposé de me le vendre... je vous en fais le plus grand serment.

Vaubaron continuait à se taire et priait toujours.

Le magistrat ordonna de déposer sur le bureau le registre du brocanteur et le feuilleta.

La page en tête de laquelle se lisait la date de

l'avant-veille ne contenait aucune mention de marché conclu entre le mécanicien et le brocanteur.

Ceci tranchait la question d'une manière absolue.

On sait qu'en matière criminelle aussi bien qu'en matière commerciale, les livres d'un négociant font foi, et l'on se souvient qu'une surcharge sur l'un des feuillets du registre d'un bijoutier du Palais-Royal contribua grandement à la condamnation de Lesurque, ce martyr non encore réhabilité.

Aucun doute ne restait plus désormais au magistrat. Il congédia le brocanteur, mais il conserva le registre, qui devait jouer son rôle à la cour d'assises, parmi les pièces de conviction.

Le premier interrogatoire était terminé et cet interrogatoire avait suffi, du moins le magistrat se plaisait à le croire, pour faire jaillir la lumière la plus éclatante parmi les ténèbres amoncelées autour du crime, et pour établir la culpabilité de Jean Vaubaron.

Il était aussi impossible de nier cette culpabilité que de contester, en plein jour, les clartés du soleil. Le flagrant délit lui-même n'aurait pas fourni de certitude plus irréfragable.

Le mécanicien fut mené dans son cachot, d'où il devait sortir quelques heures plus tard afin d'être conduit rue du Pas-de-la-Mule et confronté avec les cadavres du baron de Viriville et d'Ursule Renaud.

VI

Tandis que les gendarmes et les agents réintégraient le mécanicien dans son cachot de la Conciergerie, Laridon, la tête basse et l'air pensif, s'en allait à travers les rues.

Pour la première fois de sa vie, le brocanteur éprouvait quelque chose qui ressemblait vaguement à des remords.

C'était, à coup sûr, un très abominable coquin que ce Laridon, mais néanmoins il avait reculé jusqu'alors devant le meurtre et, en ce moment, il comprenait bien qu'il venait, par son faux témoignage, de commettre un assassinat... d'envoyer à l'échafaud une victime innocente.

Jean Vaubaron n'était point coupable du crime de la nuit précédente, aucun doute à cet égard ne s'élevait dans l'esprit du brocanteur. Ses soupçons, ou plutôt ses certitudes, ne s'égaraient pas et lui désignaient clairement le meutrier réel : Rodille.

Mais on comprend qu'il ne pouvait songer à dénoncer ce dernier, qui en savait assez long sur son passé et sur son présent pour le tenir dans une dépendance absolue, et pour être en position de venger sur l'heure une trahison, ou même une indiscrétion compromettante.

Le brocanteur ne nourrissait contre Jean Vaubaron aucune disposition mauvaise, et c'est avec un regret véritable qu'il venait de le perdre sans ressource par un mensonge; mais il se disait qu'au point de vue de ses propres intérêts, il lui avait été impossible d'agir autrement.

L'avant-veille, à l'instant précis où il allait inscrire sur son registre la vente des outils du mécanicien, il s'était vu détourner de cette besogne par l'arrivée imprévue de Rodille et, après le départ de ce dernier, il avait oublié complètement une mention qui lui semblait d'ailleurs de médiocre importance.

Or, en présence du juge d'instruction, il avait dû nier l'acquisition dont il s'agit, et cela pour deux raisons : la première, c'est qu'avouer la flagrante irrégularité de ses écritures, c'était attirer sur lui et sur son commerce l'attention de la justice, et celle, plus dangereuse encore de la police ; la seconde, c'est que s'il devenait constant et prouvé que le burin de Jean Vaubaron avait passé par ses mains, le juge d'instruction voudrait savoir comment il en était sorti, ce qu'il était devenu, à qui il avait été vendu ou par qui il avait été volé.

Ceci amènerait infailliblement une enquête, par suite de laquelle lui-même serait compromis, et Rodille courait risque d'être découvert et arrêté, chose funeste qu'il fallait éviter à tout prix.

Le brocanteur se disait ceci tandis qu'il cheminait lentement au milieu de la foule ; il se répétait qu'agir autrement qu'il venait de le faire aurait été folie, et néanmoins il ne pouvait éloigner de son esprit une image pâle et menaçante, l'image de Vaubaron étendant vers lui ses mains enchaînées, pour le maudire et pour appeler sur sa tête un châtiment prochain et terrible.

Laissons Laridon poursuivre sa route et se débattre en vain contre la malédiction du juste qu'il venait de renier et de livrer lâchement, et retournons à la Conciergerie où nous attend le spectacle de nouvelles douleurs.

— Voici votre nourriture, avait dit un guichetier au mécanicien, en lui désignant quelques grossiers aliments contenus dans un vase de fer blanc, avant de refermer sur lui la porte de l'étroite cellule.

Vaubaron n'entendit même pas ces paroles.

Aussitôt qu'il se trouva seul, il se jeta sur la maigre couchette fournie par l'administration des prisons, et il se livra à la plus effroyable des crises de désespoir qui sans doute eût jamais fait retentir de cris farouches et de sourdes imprécations ces voûtes habituées aux sanglots et aux blasphèmes des coupables.

Des larmes coulaient de ses yeux, brûlantes, corrosives, et traçant un sillon sur ses joues comme des gouttes de vitriol.

Sa poitrine se soulevait convulsivement, prête à se briser. La respiration lui manquait. Des spasmes crispaient et tordaient ses membres. Sa tête heurtait tantôt la muraille et tantôt le bois de la couchette, sans même qu'il s'aperçût de l'atroce douleur que devaient lui causer ces chocs sans cesse répétés.

Cette crise dura près de deux heures, puis elle amena l'épuisement, qui produisit lui-même une sorte de calme, ou plutôt d'atonie.

Le corps et l'âme, brisés tous deux, s'engourdissaient ensemble.

C'est à peine si le bruit que la porte du cachot faisait en se rouvrant, et l'arrivée de plusieurs personnes, tirèrent Vaubaron de cette torpeur.

Un guichetier et deux gendarmes, habillés en bourgeois, venaient d'entrer. Le juge d'instruction et son greffier attendaient au dehors dans le couloir.

Le prévenu, soulevé et soutenu par les gendarmes, sortit en chancelant de la cellule.

Le juge d'instruction, malgré tout son empire sur lui-même, tressaillit involontairement à la vue du visage de Vaubaron, visage à tel point changé, flétri, dévasté, depuis deux heures, qu'il lui semblait presque méconnaissable.

Deux voitures de place attendaient sous la voûte de l'une des cours intérieures de la Conciergerie.

Dans l'une de ces voitures s'installèrent le magistrat et son greffier.

Les deux gendarmes et un agent de la préfecture de police prirent possession de l'autre avec le prévenu.

Les stores de cette seconde voiture furent baissés, et les cochers reçurent l'ordre de toucher rue du Pas-de-la-Mule.

En entendant ces mots prononcés à voix haute Vaubaron se ranima tout à coup, ainsi qu'un homme évanoui à qui l'on fait respirer un flacon d'alcati volatil.

Son cœur, qui lui semblait mort, se remit à battre. Son intelligence et ses pensées, momentanément disparues, lui revinrent comme par enchantement.

Il se persuada qu'on le conduisait dans son logis afin d'y pratiquer en sa présence quelques recherches, et l'idée qu'il allait revoir ne fût-ce que pour un instant, sa femme et sa fille, devint pour lui la goutte d'eau sur les lèvres du voyageur égaré et expirant de chaleur et de soif au milieu des sables brûlants du désert.

Cette espérance grandit et se développa pendant toute la durée du trajet; elle produisit sur le malheureux l'effet d'un cordial puissant, et lui rendit en partie ses forces épuisées.

Les voitures marchaient avec lenteur, et cependant, hélas! l'illusion ne se dissipa que trop vite.

A travers les stores baissés, Vaubaron entendit tourner sur ses gonds une lourde porte cochère.

Les voitures pénétrèrent dans une cour pavée, la porte se referma et les chevaux s'arrêtèrent.

Les gendarmes descendirent les premiers, puis le prisonnier, puis l'agent.

Vaubaron reconnut alors les constructions massives et de style majestueux de l'hôtel du baron de Viriville. Il comprit aussitôt qu'il s'agissait d'une confrontation. Mais que lui importait?

Celui dont la main infâme avait commis le crime, celui-là seul devait trembler et pâlir d'épouvante en présence des cadavres de ses victimes!

Les yeux du mécanicien se levèrent avidement vers le premier étage de la maison voisine. Ils contemplèrent, attendris, le balcon de fer sur lequel se lisait encore son nom. Ils se fixèrent, émus et pleins de larmes, sur ces fenêtres aux rideaux blancs qui lui cachaient les deux seuls êtres qu'il aimât en ce monde.

— Elles sont là ! se dit-il, toutes deux... Marthe, ma femme bien-aimée... Blanche, mon enfant chérie... Ah ! si elles savaient que je suis si près d'elles... captif et les mains enchaînées... ma fille ouvrirait cette fenêtre..., ma femme abandonnerait son lit et se traînerait jusqu'au balcon..., et elles m'enverraient un sourire et un baiser, c'est-à-dire la consolation, la force, l'espérance.

Ce doux rêve, que Vaubaron faisait tout éveillé, fut interrompu brusquement.

Chacun des gendarmes venait de saisir un de ses bras. Ils l'entraînaient et lui faisaient gravir les marches du perron.

Le juge et son greffier les précédaient, dirigés eux-mêmes par l'agent de la préfecture, l'un des deux hommes qui, le matin de ce jour, accompagnaient le commissaire de police.

Le mécanicien traversa sans émotion ce vestibule et ces vastes pièces qu'il voyait pour la première fois de sa vie. Il éprouvait même (chose étrange et presque inexplicable en une telle occurrence !) une sorte de sombre curiosité.

Le sinistre cortège pénétra d'abord dans l'appartement d'Ursule Renaud.

D'après les ordres précis du commissaire de police, les choses étaient restées exactement dans le même état qu'à l'heure fatale où Rodille, après avoir accompli son premier crime, quittait la chambre de la malheureuse femme de charge.

Le cadavre de cette dernière reposait toujours dans le large fauteuil où la mort foudroyante, déterminée par l'acide prussique, était venue la surprendre.

Ce cadavre d'une femme qui pouvait passer pour jolie était devenu tout à la fois hideux et effrayant.

Le visage noirci et grimaçant attestait les ravages intérieurs causés par le poison.

Les lèvres écartées laissaient voir les dents blanches. Les paupières, largement ouvertes, découvraient les yeux à demi tournés et injectés d'un sang violet.

— Jean Vaubaron, dit le juge d'instruction, si vous en avez le courage, regardez cette femme !...

Les regards du mécanicien s'attachèrent avec fixité sur le masque effrayant d'Ursule Renaud.

Le juge poursuivit :

— La reconnaissez-vous ?

— Vous m'avez adressé déjà cette question, monsieur, répliqua le prévenu ; je vous ai répondu, et je ne puis vous faire présentement qu'une seule réponse, toujours la même : comment me serait-il possible de reconnaître cette infortunée, puisque je ne la connaissais pas ?

Vaubaron disait vrai.

Lors de sa courte entrevue avec Ursule Renaud, dans la boutique du brocanteur, il n'avait ni regardé la femme de charge du baron de Viriville, ni entendu prononcer son nom.

Le juge d'instruction reprit:

— Ainsi, devant le corps inanimé de votre victime, vous niez encore, vous niez toujours?

— Devant ce corps et devant Dieu, je nie, oui, monsieur.

— Ah! c'est pousser bien loin l'endurcissement dans le crime! murmura malgré lui le magistrat, entraîné par sa conviction débordante.

— Non, monsieur, ce n'est pas l'endurcissement dans le crime, répondit Vaubaron, c'est la fermeté dans l'innocence!

Le juge d'instruction se remit à interroger.

Le mécanicien l'interrompit.

— Cessez d'inutiles questions, monsieur, je vous en supplie, lui dit-il. Mes mains sont pures et ma conscience est nette... Je ne sais rien, je ne puis rien vous dire... je ne répondrai plus.

Et, en effet, à partir de cette minute Vaubaron se renferma dans un silence obstiné. Il pencha sa tête sur sa poitrine et ne sembla même pas entendre les paroles que lui adressait le magistrat.

Ce dernier, renonçant à lutter contre ce parti

pris de mutisme, fit un signe à l'agent de la préfecture.

Ce dernier se rapprocha.

— Conduisez-nous à la chambre du baron de Viriville, lui dit le juge d'instruction.

L'agent s'inclina et sortit de l'appartement d'Ursule Renaud.

Les gendarmes passèrent de nouveau leurs bras sous les bras de Vaubaron, qui murmura tout bas :

— Ces hommes prendraient ma défaillance pour un avêu! Mon Dieu, donnez-moi la force d'aller jusqu'au bout!

Les miasmes lourds du sang répandu rendaient épaisse et nauséabonde l'atmosphère de la chambre à coucher, dont les gens de justice et le prévenu franchirent le seuil.

L'effrayant désordre du lit attestait la lutte terrible dans laquelle le malheureux vieillard avait succombé. Le cadavre raidi conservait l'attitude tourmentée du dernier moment. Le visage offrait une expression d'incidible horreur, figée, pour ainsi dire, sur les traits immobiles.

La bouche, ouverte largement, semblait prête à pousser de nouveau le cri suprême qui s'était échappé de la gorge haletante, sous l'étreinte meurtrière de Rodille.

Une tache énorme, d'un brun rougeâtre, couvrait en grande partie les draps.

La poitrine découverte laissait voir l'ouverture étroite et bleuâtre, correspondant à l'endroit du cœur, par où la vie s'était échappée avec le sang.

Jean Vaubaron, placé pour la deuxième fois en face d'un si triste, d'un si épouvantable spectacle, sentit ses nerfs tressaillir et son cœur se serrer; il parvint cependant à dominer cette agitation fébrile; il resta calme, froid, impassible en apparence.

— Prévenu, lui demanda le juge d'instruction, reconnaissez-vous votre seconde victime?...

Le mécanicien ne répondit pas.

— Vous vous taisez, reprit le magistrat, vous persistez dans votre résolution de garder le silence et de refuser à la justice les éclaircissements qu'elle attend de vous?

Vaubaron fit un signe affirmatif.

— Soit, poursuivit le juge d'instruction, je ne puis vous contraindre, mais il est facile d'apprécier ce silence... Il équivaut, pour moi comme pour ceux qui décideront de votre sort, au plus complet de tous les aveux.

En écoutant ces mots le mécanicien chancela, et son corps fut agité d'un frisson convulsif, semblable à celui qui, presque toujours, accompagne l'agonie.

Par un mouvement brusque, impossible à prévoir et qui n'avait rien de prémédité, il dégagea ses bras de l'étreinte des gendarmes, il fit trois ou quatre pas en avant, et il alla tomber, agenouillé, au pied du lit, en étendant vers le cadavre ses mains suppliantes et désespérées.

Déjà les gendarmes se précipitaient vers lui pour reprendre possession de leur prisonnier, mais le juge d'instruction leur fit signe, et ils s'arrêtèrent.

Une lumière quelconque pouvait jaillir de la scène inattendue qui se préparait, et le magistrat ne voulait point laisser échapper cette lumière.

Un véritable délire, un délire fièvreux et subit, venait de s'emparer de Vaubaron sous le choc de ces accusations sans cesse renaissantes, sous les morsures inplacables de ces tortures multipliées.

D'une voix tantôt sourde et tantôt éclatante, il prononça des paroles étranges et confuses, parmi lesquelles le juge d'instruction, attentif, parvint non sans peine à distinguer les phrases suivantes :

— Vous dont le corps est là, mais dont l'âme est partie, vous qui pouvez parler à Dieu et qui serez peut-être écouté, demandez-lui de me prendre en pitié et de faire un miracle pour me sauver, puisque mon salut est à ce prix !... Que vos yeux éteints se raniment et me regardent !... On me demande si je vous reconnais et l'on veut m'écraser sous le poids de mon silence ! A mon tour, je vous dis : *Regardez-moi !... Me reconnaissez-*

vous?... Suis-je votre assassin?... Est-ce sous ma main criminelle que votre sang a coulé?... Vous le voyez, je suis agenouillé devant vous!... C'est un suppliant! c'est un prévenu, c'est presque un condamné qui vous implore!... Écoutez-moi! entendez-moi!... défendez-moi! puisque vous seul pouvez me défendre! Que le souffle revienne à votre bouche glacée!... que vos lèvres muettes s'agitent!... que votre voix s'élève, au nom du Dieu vivant!... Dites à mes accusateurs : NON!... CET HOMME N'EST PAS COUPABLE!...

Jean Vaubaron parla longtemps encore, mais la surexcitation qui le soutenait s'abattit, sa voix devint faible comme un souffle, et le murmure vague et confus de ses paroles n'arriva plus jusqu'aux oreilles de ses auditeurs.

Si complètement bronzé qu'il pût être contre toute émotion par les habitudes de sa profession et par le contact incessant d'une foule de scélérats, grands comédiens et beaux parleurs, le magistrat se sentit ému, comme l'avait été avant lui le commissaire de police, au moment de l'arrestation.

Dans cette plainte déchirante, dans cette invocation passionnée du misérable prosterné devant un cadavre, il y avait quelque chose de saisissant qui descendait jusqu'au fond de l'âme pour en remuer toutes les fibres.

Pour la première fois, une sorte de doute sur la culpabilité qui, jusqu'alors, lui semblait si lumineuse, se glissa dans l'esprit du juge d'instruction.

Ce doute n'eut d'ailleurs que la durée d'un éclair. Il brilla comme une lueur passagère dans la nuit, et s'éteignit sans laisser de traces.

Le magistrat appela ses souvenirs à l'aide de ses convictions ébranlées, ils accoururent en foule, et ils remportèrent une victoire prompte et facile.

En présence de la logique inattaquable des faits, quelle valeur morale pouvait avoir une émotion fugitive? On ne discute pas l'évidence, et c'est l'évidence qui condamnait le mécanicien!

Il y eut quelques minutes de silence, pendant lesquelles on n'entendit que le bruit sourd et irrégulier de la respiration entrecoupée du prévenu. Puis le magistrat se tourna vers les gendarmes, et leur dit :

— Relevez cet homme.

Vaubaron essaya de se remettre debout avant que l'ordre du juge fût exécuté, mais ses forces le trahirent, il retomba sur ses deux genoux.

La confrontation, dont le mutisme obstiné du prévenu annihilait d'une façon presque complète les résultats, ne se prolongea guère plus longtemps.

Une heure après les tristes scènes auxquelles nous venons d'assister, notre héros était réintégré à la Conciergerie dans son cachot, et maintenu au secret le plus rigoureux, c'est-à-dire qu'aucune communication venant du dehors ne pouvait arriver jusqu'à lui.

Précaution bien inutile, hélas ! dans la situation du malheureux. Personne, personne au monde, ne pouvait avoir le désir, ou seulement la pensée de communiquer avec lui !

L'instruction fut courte. Elle était facile entre toutes, et les faits semblaient clairs, indiscutables, absolument prouvés.

C'est tout au plus si le magistrat jugea nécessaire un second interrogatoire. Il y procéda cependant mais par conscience pure, car il n'avait plus rien à apprendre, et d'ailleurs le prévenu refusait de répondre.

Le rapport du juge fut d'une clarté merveilleuse, et la chambre des mises en accusation conclut à l'unanimité qu'il y avait lieu de renvoyer Jean Vaubaron devant le jury, sous la triple prévention d'un double meurtre suivi de vol.

Paris, quoique au lendemain d'une révolution, s'occupait passionnément des deux assassinats de la rue du Pas-de-la-Mule, assassinats commis avec des circonstances dramatiques et des détails de nature à pousser la curiosité jusqu'à son paroxysme.

Il n'était bruit, au Palais de justice, que de cette grave affaire, indiquée pour la prochaine session des assises, et plusieurs avocats, parmi lesquels deux ou trois déjà connus, intriguaient auprès du procureur du roi afin d'obtenir d'être chargés d'office de la défense de l'accusé, dans le cas où il ne désignerait pas lui-même un défenseur de son choix.

Interrogé officieusement à ce sujet, Vaubaron répondit qu'il ne connaissait, même de nom, aucun avocat, et qu'il accepterait sans hésitation celui qui lui serait envoyé.

Le même jour il reçut la nouvelle que le secret était levé pour lui, et presque en même temps il vit entrer dans sa cellule un jeune homme de bonne mine, à la physionomie aristocratique et intelligente.

C'était l'avocat nommé d'office. Il appartenait à une famille considérable de la magistrature. Si nous écrivions ici son nom, nos lecteurs verraient que ce nom, depuis 1830, est devenu célèbre.

— Monsieur, dit ce jeune homme à Vaubaron, je viens à vous, sinon avec un grand talent, du moins avec un grand courage et avec une immense bonne volonté... Tout ce qu'il sera possible de faire pour vous sauver, je le ferai, soyez-en sûr... En échange de mes efforts, je ne vous demande que d'avoir confiance en moi. Je sais que dans l'instruction, malgré des charges accablantes, vous avez nié avec énergie, sans vous démentir un seul instant... Ouvrez-moi votre cœur et votre conscience... Dites-moi toute la vérité... J'ai le désir le plus ardent de vous trouver innocent!...Si vous l'êtes véritablement, il me semble que les instincts secrets de mon âme me le feront comprendre, et qu'en dépit des preuves apparentes amoncelées contre vous, je trouverai dans ma conviction l'éloquence nécessaire pour faire triompher votre cause.

Il était impossible de s'y méprendre! cette voix jeune et sympathique ne pouvait être qu'une voix amie.

Vaubaron le comprit et, pour la première fois depuis la première heure de son arrestation, il sentit son cœur battre fortement, sans croire qu'il allait se briser à chacune des pulsations douloureuses qui l'agitaient.

Il se trouvait donc enfin face à face avec un homme qui ne semblait point à l'avance convaincu de sa culpabilité. Il allait donc pouvoir verser dans un cœur compatissant le trop plein des souffrances qui débordaient en lui; il allait se laver de ses souillures imméritées ; il allait se justifier!...

— Ah! que le ciel, qui vous envoie vers moi, soit béni! s'écria-t-il. Vous serez mon sauveur!...

Et, par un mouvement spontané et irréfléchi, il étendit ses mains pour saisir celles du jeune homme et les presser avec une effusion reconnaissante.

Mais, à l'instant même, il comprit que son martyre n'était point terminé! Une épine nouvelle vint ajouter sa pointe aiguë à la couronne d'épines qui déjà mordait son front!...

L'avocat se recula vivement pour éviter l'étreinte affectueuse du prévenu, et une expression de répugnance invincible se peignit sur son visage.

Vaubaron baissa la tête, et deux grosses larmes jaillirent de ses paupières rougies.

— Je vous fais peur!... je le vois!... murmura-t-il d'une voix éteinte. Vous aussi, monsieur, vous croyez qu'il y a du sang sur mes mains!...

— Vous vous trompez, je vous le jure! s'empressa de répondre le jeune homme, je ne crois rien, absolument rien, je n'ai aucune conviction formée, ni pour vous ni contre vous, et mon plus ardent désir, je vous le répète, est de vous trouver innocent! Quand je vous aurai entendu... quand il me sera possible de me former une opinion, si cette opinion vous est favorable... c'est moi qui, le premier, vous tendrai la main pour presser la vôtre.

— C'est juste, balbutia le mécanicien, vous doutez encore... mais je dois vous en remercier, car douter c'est déjà beaucoup, alors que tous sont convaincus!

— Ayez confiance, reprit l'avocat. Ne voyez en moi que le plus discret, le plus dévoué des confesseurs. Parlez, je vous écoute.

— Cette confiance que vous me demandez, monsieur, vous l'aurez tout entière. Mais, avant de m'écouter, prenez pitié de moi. Rendez-moi la liberté d'esprit qui me manque... déchargez mon âme d'un poids qui m'étouffe et qui me rend fou... Le voulez-vous? dites, monsieur, le voulez-vous?

— Certes, je le veux! Que faut-il faire pour cela?

— Depuis dix jours je suis prisonnier, continua Vaubaron, depuis dix jours le monde extérieur n'existe pas pour moi... J'ai été arraché des bras de ma femme presque mourante et n'ayant auprès d'elle que ma pauvre petite fille, âgée de six ans à peine et bien malade aussi... Daignez être bon pour moi comme le serait Dieu lui-même!... Allez jusqu'à mon logis, puisque vous avez ce bonheur suprême d'être le maître de vos actions, et revenez me dire que ma femme et que mon enfant sont vivantes.

VII

L'avocat réfléchit pendant quelques secondes, puis il répondit :

— Je ferai de grand cœur ce que vous me demandez... J'irai voir votre femme et votre fille.

— Oh ! merci, monsieur ! s'écria le mécanicien. Comme vous êtes bon, mon Dieu ! Il m'a suffi de vous voir un instant pour le deviner. Quand vous êtes entré dans mon cachot, avant même que vous m'ayez parlé, j'ai compris qu'une consolation m'arrivait... Vous allez partir tout de suite, n'est-ce-pas?

— Non, je vous quitterai dans une heure.

— Pourquoi cet inutile retard? Si vous saviez comme je souffre !... comme je languis !

— Il ne vous faut plus qu'un peu de courage et de patience, et je tiens à vous avoir entendu avant de visiter en votre nom les deux êtres qui vous sont chers, je veux pouvoir répondre aux questions de votre femme, ce qui me serait impossible en ce moment, vous le comprenez... je veux enfin avoir le droit de lui porter une légitime espérance, si vous avez fait entrer cette espérance dans mon esprit et dans mon cœur.

— Vous avez raison, monsieur, murmura Vaubaron en soupirant. Que votre volonté s'accomplisse donc... Écoutez-moi, et puissiez-vous comprendre mieux que que je ne la comprends moi-même, l'obscure et inexplicable fatalité qui m'écrase.

Alors commença le récit rapide de ces faits, incompréhensibles pour lui, que nos lecteurs connaissent déjà.

Le jeune homme écoutait avec une attention profonde, et parfois arrêtait le narrateur pour lui adresser une brève interrogation.

A mesure qu'avançait le récit, le front de l'avocat devenait plus sombre et, quand il eut écouté jusqu'au bout, l'expression d'un découragement presque absolu se lisait sur son visage.

Jean Vaubaron vit cette expression naître et grandir, et se sentit perdu.

— Parlez-moi sans ménagements, monsieur, s'écria-t-il avec l'énergie du désespoir. Vous me croyez coupable, n'est-ce pas ? je ne vous ai point convaincu ?

— Je vous crois innocent, au contraire, répondit le jeune homme, et la preuve, c'est que voici ma main.

Vaubaron saisit cette main qui le réhabilitait pour ainsi dire en se tendant vers lui, il l'appuya contre son cœur, il la pressa contre ses lèvres, et un fugitif rayon de joie brilla dans ses yeux baignés de larmes.

— Puisque Dieu m'a permis de vous persuader, demanda-t-il ensuite, pourquoi donc semblez-vous si triste et si découragé ?

— Parce que je m'épouvante maintenant de la grandeur de la tâche qu'il me faut accomplir, et de l'immense responsabilité qui va peser sur moi...

— J'ai du courage, monsieur, je suis un homme, je puis tout entendre... Vous trouvez ma défense bien difficile ? impossible peut-être ?

— C'est vrai.

— Et, cependant, vous ne doutez plus !

— Vous m'avez convaincu de votre innocence, mais vous ne me l'avez pas démontrée, et ce que vous n'avez pas fait, comment, moi, pourrais-je le faire ? Tandis que vous parliez tout à l'heure, j'étudiais le son de votre voix et l'expression de vos regards en même temps que j'écoutais vos paroles... Une sorte de communication magnétique s'établissait entre votre âme et la mienne. J'ai compris, j'ai deviné que vous étiez un honnête homme malgré les formidables apparences qui s'élèvent contre vous ; la foi m'est venue, enfin, mais cette foi ne repose ni sur un argument ni sur une preuve. Je crois, mais je me sens incapable de démontrer pourquoi je crois, et je n'ai pas la certitude de faire partager ma confiance à ceux qui décideront de vous... Vous avez prononcé tout à l'heure un mot terrible, le mot de *fatalité!*... C'est bien, en effet, la fatalité aveugle et toute-puissante, telle que la comprenaient les nations antiques, qui vous a pris dans sa toile indestructible, comme aurait pu le faire une araignée gigantesque, et qui s'apprête à vous dévorer !... Tout est contre vous... rien pour vous, rien que votre conscience et mon dévouement ! Cela suffira-t-il ?

— Si Dieu m'a condamné, je mourrai martyr, murmura Vaubaron lentement, je monterai, la tête haute, sur l'échafaud de Calas et de Lesurques... mon innocence me soutiendra à l'heure suprême... Mais ma femme et mon enfant, que deviendront-elles après moi? Voilà ce qui me torture, voilà la pensée qui me fera subir mille morts anticipées, plus cruelles encore que celle qui m'attend !

— Ne désespérez pas trop vite... reprit vivement le jeune avocat, d'ici au jour des assises tout peut se modifier encore... Les prodiges sont moins rares au Palais de justice que partout ailleurs... les revirements les plus inattendus s'y produisent à l'improviste... Qui sait si le vrai criminel ne tombera pas sous la main de la police?... qui sait enfin si je ne puiserai point dans mon ardente conviction l'énergie qui commande aux âmes, l'éloquence qui touche les cœurs, et la puissance qu'il faut pour convaincre les sceptiques et pour ébranler les incrédules !

— Oh! oui, monsieur, sauvez-moi !... murmura Vaubaron en joignant les mains, sauvez-moi pour ma femme et mon enfant !

— Dieu le voudra sans doute... répondit le jeune homme, dont une exaltation fiévreuse, enthousiaste, enflammait le sang généreux.

— Et maintenant, monsieur, dit timidement le mécanicien j'ai fait de mon mieux ce que vous attendiez de moi... me permettez-vous de vous rappeler votre promesse?

— Je ne l'ai point oubliée, cette promesse, et je vais à l'instant m'acquitter de la mission dont vous m'avez chargé...

— Dites-leur bien, à toutes deux, que je pense à elles sans cesse... reprit Vaubaron ; dites-leur bien que je les aime plus que ma vie... dites-leur aussi que je reviendrai peut-être bientôt... Hélas ! si ce n'est qu'un mensonge, il les consolera du moins... Embrassez Blanche pour son père... ma chère petite Blanche... Vous verrez comme elle est jolie, monsieur... Pauvre enfant, elle doit être bien pâle et bien maigrie pourtant!... Eh bien, malgré cela, je suis certain qu'elle est encore charmante...

— Je pars...

— Vous reviendrez aujourd'hui, n'est-ce pas, monsieur?...

— Oui, certes!...

— Dans combien de temps?... Ah! c'est que, voyez-vous, je vais compter les minutes et les secondes jusqu'à votre retour...

— Je me hâterai, soyez-en sûr... Je comprends toute votre impatience et je me trouverais bien heureux de vous apporter de bonnes nouvelles...

L'avocat sortit de la cellule, et Vaubaron resté seul éleva son âme vers le ciel dans une pensée de suprême action de grâces.

Il remerciait Dieu de ces deux bonheurs imprévus qui descendaient à la fois sur lui, comme une rosée bienfaisante, au moment où il était près de succomber sous le fardeau trop lourd de son effroyable situation.

Un homme intelligent et considéré, un homme digne de l'estime et du respect de tous, venait de lui dire : *Je vous crois innocent!*... Une main honorable s'était tendue vers lui!...

C'était beaucoup déjà!... ce n'était rien encore

cependant à côté de la joie promise et prochaine...

Il allait entendre parler de Marthe!... on allait lui rapporter les baisers de Blanche!

Deux heures s'écoulèrent.

Ces deux heures, contre son attente, ne semblèrent pas longues au captif.

L'espérance radieuse illuminait les ténèbres de son cachot; il oubliait toutes les souffrances du passé, toutes les souffrances de l'avenir; il vivait dans une sorte d'extase.

Le bruit des serrures et des verrous se fit entendre. La porte se rouvrit, l'avocat parut sur le seuil.

Vaubaron s'élança de la couchette sur le bord de laquelle il était assis, et fit un mouvement pour franchir la courte distance qui le séparait de son futur défenseur.

Mais, au lieu d'avancer, il recula, saisi d'un tremblement subit.

Son regard, habitué à saisir les moindres détails dans la demi-obscurité de la cellule, venait de lui montrer le visage du jeune homme empreint d'une pâleur livide, ses traits altérés par une poignante émotion, ses yeux baissés avec un douloureux embarras.

Vaubaron crut sentir une main de fer le prendre à la gorge et l'étrangler.

— Ah ! balbutia-t-il d'une voix éteinte, Dieu n'a pas eu pitié de moi !... Vous m'apportez un nouveau malheur !...

L'avocat, sans parler, pencha la tête par un signe affirmatif.

Vaubaron poursuivit :

— Ma femme est bien malade... elle est à l'agonie, n'est-ce pas ?... elle m'appelle !... elle m'appelle !... et je suis prisonnier !...

L'avocat garda le silence.

Les yeux du mécanicien s'agrandirent et sa figure prit une expression étrange, effarée.

Un murmure indistinct, ou plutôt un râle s'échappa de ses lèvres, et dans ce râle on pouvait distinguer ces mots :

— Ma femme est morte !... O mon Dieu !... mon Dieu !... ma femme est morte !... ma femme est morte !

L'avocat s'approcha du malheureux ; il prit ses mains, qu'il trouva glacées, et il lui dit tout bas, d'une façon presque inintelligible, car lui aussi il sentait son cœur défaillir :

— Du courage, au nom du ciel !... du courage !

— Elle est morte !... répéta le mécanicien. Elle est morte... et je n'étais pas là... et je ne la reverrai plus !... Marthe... ma douce Marthe... ma compagne... ma consolation, mon bonheur, ma femme bien-aimée... je n'ai pas reçu ton dernier soupir et ton dernier baiser... ma main n'a pas fermé tes yeux... je ne t'ai pas revue... je ne te reverrai plus... plus jamais... jamais... jamais!

Il ne sanglotait pas; ses yeux restaient fixes et secs; un hoquet convulsif soulevait sa poitrine; jamais plus morne et plus effrayant visage n'exprima plus incurable désespoir.

Quelques minutes s'écoulèrent dans un morne silence.

L'avocat se taisait. Qu'aurait-il pu dire? Il est des douleurs en présence desquelles les phrases banales de consolation expirent sur les lèvres et deviennent impossibles.

Tout à coup Vaubaron frissonna de tout son corps, comme un cadavre que galvanise une puissante électricité.

Il leva la tête, et, fixant sur l'avocat ses prunelles illuminées de fauves lueurs, il balbutia d'une voix rauque :

— J'oubliais mon enfant, monsieur!... Qu'est devenue mon enfant? Est-elle vivante? Est-elle morte?

Le jeune homme fit un violent effort et parvint à prononcer ces mots :

— Non... elle n'est pas morte... il est permis du moins de le croire... de l'espérer... La pauvre petite a disparu de votre logis.

— Disparue! s'écria le malheureux père en se

tordant les mains et en se meurtrissant le visage aves ses menottes qui l'ensanglantèrent, ah! j'aimerais mieux la savoir couchée dans la tombe qu'errant dans Paris sans asile et sans pain!... Ma fille, ma petite Blanche, mon enfant adorée, mendiant son pain, repoussée, chassée, méprisée!... Et l'avenir!... l'avenir!... que deviendra cet ange?... Mon Dieu, c'en est trop!... Mon Dieu, mes forces sont à bout... pardonnez-moi ce que je vais faire... Marthe, attends-moi... Marthe, me voici... Je meurs... et j'étais innocent!

Et le mécanicien, échappant aux bras de l'avocat qui cherchait à le retenir, s'élança, la tête en avant, avec une violence surhumaine, contre la muraille qui lui faisait face.

On entendit un bruit sourd et hideux; le sang jaillit du crâne entr'ouvert; le corps du malheureux Vaubaron s'abattit sur le sol comme une masse inerte.

VIII

Il nous faut remonter avec nos lecteurs jusqu'au soir du jour de l'arrestation de Jean Vaubaron, et rejoindre Rodille que nous avons quitté au moment où, portant sur son épaule la petite Blanche qui venait de se réveiller, il ouvrait la porte de la maison mystérieuse de l'avenue de Neuilly.

Nous prions nos lecteurs de se souvenir que cette maison était double, où plutôt qu'elle se composait de deux habitations contiguës, indépendantes en apparence l'une de l'autre, mais communiquant en réalité par un couloir qui traversait l'épaisseur du mur mitoyen, et dont Rodille seul avait le secret.

Dans l'une de ces maisons se trouvait, partageant en deux parties égales la salle du rez-de-chaussée, le grillage aux mailles solides derrière lequel se dressait le bureau, ou plutôt le comptoir du receleur, déguisé en centenaire sous le pseudonyme du *père Legrip*.

La cave renfermait le trésor de Rodille, cet éblouissant amas d'or et de bijoux sur lequel il nous a été donné de jeter les yeux, presque au début de ce récit.

La maison contiguë passait, nous le savons, pour être toujours déserte. Des volets intérieurs et matelassés rendaient impossible d'apercevoir depuis le dehors le rayonnement lumineux des deux quinquets à réflecteurs placés à la droite et à la gauche de la glace devant laquelle Rodille opérait son travestissement, lorsque quelque lucrative opération de commerce appelait le père Legrip dans la demeure voisine.

Il ne faisait presque, d'ailleurs, que traverser cette sorte de vestiaire pour gagner le passage secret, et il stationnait dans la salle basse tout au plus pendant huit ou dix minutes, temps indispensable à son changement de costume et à sa complète métamorphose.

Rodille franchit avec Blanche le seuil de cette première maison. Il referma la porte derrière lui, poussa les verrous, alluma une bougie, et plaça la petite fille sur l'une des chaises antiques et poudreuses qui se voyaient le long de la muraille.

— Comme c'est noir ici... comme c'est triste! murmura Blanche. Monsieur, est-ce que c'est une prison?...

— Non, mon enfant, répondit Rodille, ce n'est point une prison.

— Où est papa?...

— Il va venir...

— Il n'est donc pas ici... dans cette maison?...

— Non, mais il y sera bientôt.

— Je veux voir papa... monsieur... j'ai grand'-peur... Il me rassurera.

— Vous le verrez avant quelques minutes, chère petite. Calmez-vous donc, car vous n'avez absolument rien à craindre.

Tout en parlant, Rodille ouvrit une porte grise pratiquée dans la boiserie au fond de la salle basse, et qui laissa voir les premières marches d'un escalier conduisant à l'unique étage.

Il prit de la main droite le bras de Blanche, de la main gauche le flambeau et, entraînant la petite fille derrière lui, il lui fit gravir les marches de bois de l'escalier rapide.

En haut se trouvait une nouvelle porte, qui fut ouverte, et l'homme et l'enfant pénétrèrent dans une chambre à coucher de moyenne grandeur, dont l'aspect n'offrait rien de sinistre.

Cette pièce avait gardé son ameublement du bon

vieux temps. La petite maison datait de la fin du siècle dernier.

On y voyait un grand lit de bois peint en blanc, avec quelques vestiges de dorures, et un baldaquin élevé d'où tombaient à grands plis des rideaux de toile peinte, émaillés de bergers bleus et de moutons roses.

Il y avait une demi-douzaine de fauteuils de même style, une glace surmontée d'un trumeau peint dans le style de Watteau ou de Lancret, une pendule rocaille sur la cheminée entre deux petits candélabres, et, au milieu de la pièce, un guéridon à dessus de marbre rouge.

Un vieux tapis d'Aubusson, tout fané et montrant la corde, couvrait le plancher.

— Voilà une jolie chambre, n'est-il pas vrai, ma chère petite? demanda Rodille, qui vit les regards de l'enfant errer avec curiosité çà et là.

— Oui, monsieur, répondit Blanche, c'est très beau... bien plus beau que chez nous... mais je voudrais...

— Voir papa? interrompit le bandit avec une intonation moqueuse, c'est connu ça, archi-connu, ma belle mignonne... On vous a déjà dit qu'il viendrait tout à l'heure, papa... Laissez-lui donc le temps d'arriver, que diable!

Blanche baissa la tête et se tut. Sa frayeur et son inquiétude redoublaient.

Rodille tira de ses poches un petit pain à croûte blonde, un morceau de galantine enveloppé dans un fragment de journal, quelques fruits et une de ces fioles clissées d'osier que les chasseurs ont l'habitude de remplir de rhum ou d'eau-de-vie et d'emporter avec eux dans leurs longues courses.

Il plaça ces divers objets en bon ordre sur le guéridon.

— Mon enfant, dit-il ensuite, vous devez avoir faim?

Blanche fit un geste négatif.

— Allons donc! reprit le misérable, c'est parfaitement impossible, car je suppose que vous avez oublié de déjeuner ce matin et pareillement de dîner hier soir. Voilà d'excellentes choses que j'ai apportées tout exprès pour vous. Je m'en vais aller au-devant de votre papa, afin qu'il se hâte et ne vous fasse pas attendre, car je vois bien que vous êtes impatiente comme un joli démon... Pendant ce temps-là, mangez et buvez. Il y a dans la petite bouteille du vin sucré délicieux qui rend les fillettes de votre âge gaies comme pinson. Je vous laisse... Bon appétit. A tout à l'heure.

Rodille sortit de la chambre et descendit l'escalier, laissant Blanche en face du souper servi devant elle.

Certes, ce souper était de la plus frugale simplicité, mais, depuis bien des mois, la misère atteignait de telles proportions et imposait de telles privations dans le ménage du mécanicien, que cette galantine et ces fruits constituaient pour la petite fille un véritable festin.

De la meilleure foi du monde elle croyait n'avoir aucun appétit et, quelques minutes auparavant, elle ne songeait guère à manger; mais la vue des aliments lui révéla la cause réelle des souffrances vives qu'elle éprouvait, et ses entrailles tressaillirent sous les morsures cruelles d'une faim dévorante.

Les mets succulents étalés sous ses yeux par Rodille sollicitaient ses regards et l'attiraient aussi irrésistiblement que l'aimant attire le fer.

Elle n'avait d'ailleurs aucun motif pour lutter d'une façon sérieuse contre cette fascination toute-puissante.

Elle s'approcha donc de la table, au bout de quelques secondes, et elle se mit à manger avec cet indicible plaisir que comprendront seuls les gens longuement affamés.

Ayant mangé, il fallait boire. Blanche déboucha la petite bouteille et, n'ayant à sa disposition ni verre ni gobelet, elle appuya l'orifice du goulot contre ses lèvres et elle aspira, sans reprendre haleine, plusieurs gorgées de ce vin sucré vanté si vivement par Rodille.

L'enfant s'avoua volontiers à elle-même qu'il

n'y avait eu aucune exagération dans l'éloge de ce breuvage. Jamais pareil nectar n'avait chatouillé aussi délicieusement son palais et fait circuler dans ses veines une aussi douce chaleur.

La fiole restait pleine aux trois quarts. Blanche y revint et but de nouveau.

Presque au même instant se produisit un effet bizarre, mais qui, sans aucun doute, était prévu par Rodille.

Un engourdissement rapide, une soudaine somnolence s'emparèrent de l'enfant ; elle sentit que ses jambes se dérobaient sous le poids, bien léger pourtant, de son corps.

Elle se dirigea en chancelant vers l'un des fauteuils dans lequel elle se laissa tomber, et là elle s'endormit à l'instant même d'un sommeil si lourd et si profond qu'il ressemblait à une léthargie.

Ce sommeil n'avait d'ailleurs rien de pénible. Les traits de l'enfant exprimaient le calme le plus parfait. Une respiration égale et douce soulevait sa poitrine. Il était évident qu'aucun malaise n'accompagnait l'invincible torpeur à laquelle elle venait de succomber.

Quelques minutes s'écoulèrent, puis Rodille reparut.

Il venait de gravir l'escalier lentement, avec précaution, en étouffant le bruit de ses pas.

Il s'arrêta sur le seuil de la chambre, et son

regard chercha Blanche, qu'il trouva presque aussitôt.

— Voilà qui va le mieux du monde! se dit-il en se frottant les mains. J'étais bien sûr que la *momignarde* ne résisterait pas, et que le narcotique produirait son effet. La dose était forte... l'enfant est faible. En voilà pour vingt-quatre heures.

Rodille s'approcha de Blanche.

— Il ne faut pas qu'elle passe la nuit dans ce fauteuil, reprit-il; elle attraperait une courbature et la fièvre, ce qui ne ferait pas mon affaire puisque j'ai promis à Fritz Horner de la lui livrer en bon état.

Et, soulevant la petite fille dans ses bras, il la porta jusqu'au lit sur lequel il l'étendit, après avoir eu soin d'ôter les souliers un peu lourds qui gênaient ses pieds charmants.

— Décidément, murmura-t-il avec un indéfinissable sourire, je dorlote les enfants comme une vraie nourrice. J'étais né pour être un père de famille du premier numéro! J'ai manqué ma vocation!

Le misérable prit ensuite le flambeau resté sur la table; il ouvrit la porte d'un cabinet voisin de la chambre à coucher, et dans lequel se trouvaient une paillasse et un matelats jetés sur le sol. Cette couche improvisée lui parut suffisante après les atroces fatigues de la précédente nuit. Il éteignit la lumière et ne tarda point à s'endormir.

Asmodée, le diable boiteux qui soulève les toits des maisons et regarde d'un œil curieux les nocturnes mystères, aurait pu contempler alors l'étrange spectacle de l'innocence la plus touchante et de la plus infâme incarnation du crime, de l'enfant immaculée et de l'homme aux mains sanglantes, dormant dans le même logis, et presque côte à côte, d'un sommeil également calme, également profond! L'âme de Rodille, bronzée aux feux de l'enfer, était de celles qui ne connaissent pas le remords, et les spectres de ses victimes ne venaient jamais visiter ses rêves!

Quand il se réveilla le lendemain matin, il faisait grand jour. Il dut se contenter, pour toute toilette, de secouer ses vêtements et de passer sa main dans ses cheveux. Il franchit ensuite le seuil de la pièce où Blanche était couchée.

L'effet puissant du narcotique, administré à forte dose, ne démentait point les prévisions de Rodille.

L'enfant dormait toujours, et son sommeil semblait devoir se prolonger longtemps encore, car Rodille lui toucha successivement le visage et la main, et elle ne fit pas un mouvement.

— Elle en aura tout au moins jusqu'à ce soir! murmura le misérable; je m'en vais d'ailleurs prendre mes petites précautions pour le cas invraisemblable où elle s'éveillerait trop tôt.

Il descendit au rez-de-chaussée, d'où il revint avec plusieurs petits cadenas et autant de petites chaînes un peu rouillées.

La chambre avait quatre fenêtres, munies toutes les quatre de forts barreaux, comme si l'architecte de la maison eût voulu la mettre à l'abri des éventualités d'une escalade.

Deux de ces fenêtres donnaient sur l'avenue de Neuilly, les deux autres prenaient jour sur un terrain inculte, qui jadis avait servi de jardin et qu'encombraient maintenant des broussailles et des plantes parasites.

Rodille s'approcha successivement des quatre fenêtres et, après avoir enroulé les chaînettes autour des espagnolettes, il les fixa avec ces cadenas, de manière qu'il fût complètement impossible, surtout à un enfant, d'ouvrir de l'intérieur.

Cette besogne achevée, il sortit de la chambre, puis de la maison, en ayant grand soin de pousser tous les verrous derrière lui et de faire tourner toutes les clefs dans toutes les serrures.

Il prit un cabriolet à la barrière de l'Étoile, et se fit conduire au passage Radzivill.

IX

Rodille changea de costume, reprit sa véritable physionomie et se rendit au boulevard du Temple, à la petite maison du magnétiseur.

— Eh bien ? lui demanda vivement ce dernier.

— Eh bien, répondit Rodille, l'affaire est dans le sac.

— Déjà?

— Mon Dieu! oui... Voilà comme je suis, moi! je vais en besogne comme un ouragan!... J'ai déniché l'oiseau bleu... je possède le merle blanc.

— Ainsi, la petite fille... ?

— Est dans mes mains depuis hier au soir.

— Pourquoi ne pas l'avoir amenée ce matin?

— La prudence est la mère de la sûreté! Pour

des raisons à moi connues, je me propose de garder l'objet pendant quelque jours.

— Le père doit mener un furieux tapage j'imagine?

— Dormez en paix... le père ne vous inquiétera point.

— Comment cela?

— Cet honnête homme a trouvé fort à propos de couper le cou à un vieux banquier pour dévaliser sa caisse, et il a fait les choses si sottement que deux heures après, ni plus ni moins, il était sous la main de la justice, qui l'a mis à l'ombre avec soin et qui va le tenir au frais.

— Ah! diable! voilà, en effet, un coquin bien maladroit!

— C'est ce que je me suis dit tout de suite... mais comme, en réalité, il a travaillé dans notre intérêt, je lui pardonne de bien bon cœur.

— Et la mère?

— Ne vous tourmentez point au sujet de la mère... Quand elle a vu qu'on arrêtait son mari, ça lui a causé un si grand saisissement qu'elle s'en est laissé mourir... Dieu veuille avoir son âme!...

— Tout est donc pour le mieux, dit Fritz Horner, et je commence à croire, maître Rodille, que vous aviez complètement raison quand vous me promettiez, l'autre jour, que personne ne viendrait me réclamer cet enfant.

— Pardieu ! oui, j'avais raison !... En aviez-vous douté ?

— Peut-être, mais je n'en doute plus !.. Vous êtes homme de parole, je le suis autant que vous... Ce qui est convenu est convenu... Amenez donc l'enfant le plus tôt possible, et je vous remettrai la somme promise.

Rodille eut aux lèvres ce sourire indéfinissable qui lui était habituel et qui devait, croyons-nous, ressembler beaucoup au rictus diabolique de Méphistophélès conduisant Faust au sabbat.

— Cher docteur, répliqua-t-il, vous venez d'aborder là une question brûlante, sur laquelle je ne suis pas absolument convaincu que nous soyons tout à fait d'accord.

Fritz Horner tressaillit.

— Comment ! s'écria-t-il, que voulez-vous dire ?...

— Tout simplement que j'ai changé d'avis, ou du moins que j'ai modifié mes intentions primitives.

— C'est inadmissible... N'avez-vous pas établi votre prix vous-même ?... Ne sommes-nous pas tombés d'accord sur les clauses du marché ?...

— Sans doute ; mais en définitive, il n'y a rien de fait encore. Il n'est jamais trop tard pour revenir sur une sottise, et j'en ai fait une en traitant avec vous.

— Avez-vous donc des prétentions nouvelles ?

— J'en ai.

— C'est de la folie !

— Si tel est votre avis, rien ne vous empêchera de repousser mes exigences, et nous n'en resterons pas moins bons amis comme auparavant.

— Enfin, de quoi s'agit-il ? Voyons... expliquez-vous !...

— Tout de suite... Vous savez que je suis clair et catégorique comme pas un. Voilà la chose : vous comptez sur l'enfant pour vous procurer de gros bénéfices ?

— Est-ce que, si je n'y comptais point, je pourrais faire le sacrifice d'une somme énorme, de 10,000 francs ?...

— Je vous l'accorde ; mais cette somme, qui vous semble énorme, me paraît à moi tout à fait hors de proportion avec l'importance des bénéfices qu'il vous procurera.

— Il m'est impossible, cependant, tout à fait impossible d'en augmenter le chiffre... Il m'a fallu, pour me la procurer, réunir et épuiser toutes mes ressources.

— Je n'en crois pas un traître mot !... Vous êtes plus riche que ça, docteur, et vous avez du crédit sur la place... J'accepte cependant pour bonnes vos mauvaises raisons, et je me contenterai provisoirement d'extraire de votre boursicot les 10,000 livres en question.

— Mais alors que voulez-vous donc?

— Devenir votre associé et toucher une part dans vos bénéfices.

Fritz Horner fit un bond.

— Parlez-vous sérieusement? s'écria-t-il.

— Ai-je la physionomie d'un homme qui plaisante? répliqua Rodille.

— Et, demanda le médecin allemand, peut-on savoir quelle serait cette part?

— Je veux me montrer accommodant... Je pourrais demander moitié... je me contenterai d'un tiers.

— Un tiers! répliqua le magnétiseur en agitant les bras comme un télégraphe.

— Vous trouvez que c'est bien peu?... Vous admirez ma modération, je parie?

— Y songez-vous?

— Beaucoup, mon cher docteur, beaucoup! et vous, acceptez-vous?...

— Je refuse!...

— En êtes-vous sûr?...

— Je refuse cent fois pour une...

— C'est votre dernier mot?...

— Oui!... oui!... oui!... Allez vous promener, vous et l'enfant, et que le diable vous emporte l'un et l'autre!...

— Grand merci de ce souhait charitable!...

— Décidément, maître Rodille, je vous croyais mieux avisé!... Voilà 10,000 francs que vous perdez par votre faute, sans profit pour personne.

— Vous pourriez vous tromper, docteur!...

— Allons donc! L'enfant, dans mes mains représente un capital, grâce à mon talent, à mon industrie, à mes connaissances... Dans les vôtres, elle ne représente absolument rien.

Rodille se mit à rire.

— Docteur, répliqua-t-il, vous venez tout à l'heure de m'ôter un scrupule et de mettre à l'aise à votre endroit ma délicatesse bien connue. Je vais en revanche vous ôter une illusion.

— Une illusion!... à moi?...

— Parbleu!...

— Laquelle?...

— Celle-ci : bien loin de me constituer une *non-valeur*, comme vous le croyez, la petite fille sera pour moi toute une fortune, et, en refusant l'association que j'avais la bonté de vous offrir, vous venez de signer l'arrêt qui vous ruine.

Fritz Horner regarda Rodille avec une indicible expression d'étonnement.

— Ah! ah! vous n'y comprenez goutte, continua le bandit, et vous attendez impatiemment que je m'explique. Eh bien, homme sans cervelle et sans intelligence, apprenez donc que dès demain je conclus un petit traité bien en règle avec un pauvre diable de mes amis, garçon du plus grand mérite, mais médecin sans malades, qui me vendra pour cent écus par mois, sa personne et son nom.

— Et que diable en ferez-vous ? demanda le médecin allemand.

— Comment! vous ne le devinez pas encore?

— Non, je l'avoue.

— Vous avez, d'habitude, l'intelligence plus prompte !... Eh bien, je m'installerai avec la petite fille dans un appartement magnifique, au premier étage de l'une des plus belles maisons de la rue du Mont-Blanc ou du boulevard Montmartre, et j'afficherai dans tout Paris des consultations magnétiques qui vaudront, je crois, un peu mieux que les vôtres, et qui ne coûteront que dix francs au lieu d'un louis... Pensez-vous, docteur, qu'au bout d'un mois de cette concurrence, il vous restera beaucoup de clients?

— Vous agiriez de la sorte? balbutia Fritz Horner d'une voix altérée et avec une physionomie empreinte du plus profond abattement.

— Est-ce que, par hasard, ma spéculation vous semblerait mal combinée ?... est-ce que vous douteriez du succès ?...

— Ah ! Rodille, Rodille !... continua le magnétiseur, vous sur qui je croyais pouvoir compter absolument!

— Il me semble, docteur, que je ne vous ai pas pris en traître.

— Si vous m'abandonnez, je suis un homme perdu !...

— Évidemment ?... Mais à qui la faute ?... Ne venez-vous pas de repousser bien loin, tout à l'heure, l'association que je vous offrais ?...

— J'étais aveugle !... j'étais idiot !...

— Et maintenant ?...

— Oh ! maintenant, je suis rentré en possession de mon bon sens, et mes yeux se sont ouverts.

— Ce qui veut dire que vous sollicitez comme une faveur ce que vous refusiez si dédaigneusement il y a encore cinq minutes?

— Rodille, cher Rodille ! c'est vrai, je vous implore... Vous êtes déjà mon ami... devenez mon associé... un autre moi-même !

— Allons, je suis bon prince et je renonce à faire ma fortune sans vous.

— Je vous en remercie avec effusion ! s'écria Fritz Horner.

— Seulement, continua Rodille, votre hésitation malencontreuse vous coûtera quelque chose. Je me contentais d'un tiers, à présent je demande moitié.

Le magnétiseur soupira profondément et maudit de tout son cœur son associé futur et lui-même.

Mais comme, en définitive, Rodille était le

maître de la situation, il n'y avait point à balancer.

— J'accepte, répondit-il en appelant sur ses lèvres un sourire de commande, le plus lugubre et le plus désolé qui fût jamais. Vos volontés sont des ordres pour moi... Vous aurez la moitié des bénéfices.

— Et c'est moi qui tiendrai les écritures, reprit Rodille.

— Soit ! murmura Fritz Horner.

— Et le partage se fera tous les soirs.

— Tous les soirs si vous le désirez, quoiqu'une telle défiance ait lieu de me sembler offensante.

— Ce n'est point défiance, interrompit Rodille, ce n'est que pure et simple précaution, dans l'intérêt commun, ce qui ne saurait vous blesser d'aucune façon... Nous voici d'accord sur tous les points, et rien ne nous empêche de rédiger, séance tenante, un petit acte sous seing privé, constatant clairement et succinctement les clauses de notre association.

— J'y suis tout disposé, répondit le magnétiseur.

Ce qui fut dit fut fait, et les deux honnêtes gens ne perdirent pas une minute pour se lier l'un vis-à-vis de l'autre par un échange de signatures et pour serrer ainsi les nœuds de l'une des plus étranges sociétés en participation qu'il fût possible d'imaginer.

— L'enfant est d'une nature frêle et nerveuse, reprit Fritz Horner quand tout fut achevé, les émotions violentes, les privations, les brutalités, lui seraient funestes... Songez qu'elle représente pour nous des bénéfices incalculables!... Ne la laissez pas dépérir...

— Pour qui me prenez-vous?... demanda Rodille avec une indignation comique. Ai-je l'air d'un mangeur d'enfants?... La petite sera soignée comme une reine, et tenez pour certain que, lorsque je vous l'amènerai, vous lui trouverez une mine superbe... Sur ce, mon cher associé, je vous quitte et vous dis : Au revoir...

— A quand, ami Rodille?...

— A bientôt...

X

Rodille quitta le boulevard du Temple, l'œil joyeux, la lèvre souriante, et tout à fait enchanté de l'excellente affaire qu'il venait de conclure.

Nous avons entendu cet adroit coquin menacer Fritz Horner de l'écraser sous le poids d'une concurrence redoutable ; mais un tel projet était véritablement bien loin de sa pensée, et l'unique but de ses paroles était d'amener le magnétiseur à composition.

Aux embarras, aux difficultés, aux incertitudes d'une exploitation hasardeuse, il préférait mille fois les réalités indiscutables d'une association lucrative qui laissait à un autre la fatigue et le travail et mettait dans ses mains une large part des bénéfices.

Rodille appliquait d'ailleurs toutes les facultés inventives et organisatrices de son esprit à l'élaboration d'un plan gigantesque et d'une nature excentrique, qui devait séduire démesurément une imagination telle que la sienne.

Le moment était proche où ce plan devait se réaliser, et nous ne tarderons guère à initier nos lecteurs à la bizarre entreprise du bandit, en en faisant fonctionner sous leurs yeux les rouages multiples et ténébreux.

Nous ne suivrons point Rodille dans l'emploi qu'il jugea convenable de donner à toutes les heures de la journée; nous dirons seulement que, la nuit venue, et avant de reprendre le chemin de l'avenue de Neuilly, il fit emplette de provisions de bouche, de friandises, de bonbons, de deux ou trois robes d'enfants, remarquables par la vivacité de leurs couleurs et la richesse de leurs ornements et d'une assez grande quantité de jouets fort chers, parmi lesquels il importe de signaler une poupée d'une dimension remarquable et d'une élégance peu ordinaire.

Muni de ces achats variés, Rodille prit une voiture qui le conduisit, comme la veille, à une faible distance de la barrière de l'Étoile.

Là il paya le cocher, renvoya le cabriolet et se dirigea pédestrement vers la petite maison que nous connaissons.

La soirée était chaude et orageuse, pas une étoile ne brillait au ciel, et les réverbères, placés à une grande distance les uns des autres, combattaient mal l'obscurité.

Suivant sa coutume invariable, Rodille s'arrêta pendant quelques secondes auprès de la porte au moment où il allait introduire la clef dans la serrure, et promena ses regards autour de lui avec l'évidente intention de fouiller les ténèbres et de constater la solitude.

En même temps il prêtait l'oreille.

Tout lui sembla parfaitement tranquille. Aucun objet suspect ne frappa ses yeux; l'avenue de Neuilly paraissait déserte. On n'entendait que le grondement sourd et lointain des voitures roulant sur la chaussée poudreuse des Champs-Élysées.

Satisfait des résultats de cette rapide reconnaissance, Rodille ouvrit la porte et entra.

Il n'avait pas vu, derrière le tronc noueux de l'un des vieux ormes qui bordaient l'avenue, un homme de petite taille, blotti dans l'ombre, retenant son souffle, attachant sur lui des regards perçants, et arrêté là, non point par hasard, mais sans aucun doute pour y jouer un rôle d'espion ou de guetteur.

Lorsque Rodille eut disparu dans l'intérieur de la maison, cet homme ne quitta point tout de suite le poste choisi par lui ou qui lui avait été assigné.

Il y demeura pendant près de deux heures encore, immobile comme une cariatide sculptée dans la pierre, et ce ne fut guère qu'à onze heures sonnées qu'il se décida à se séparer de l'orme qui le soutenait, et à s'éloigner.

Au lieu de remonter vers Paris, cet homme descendit l'avenue, du côté de la porte Maillot. Laissons-le s'enfoncer et disparaître au sein des ténèbres, et rejoignons Rodille.

Aussitôt dans la salle du rez-de-chaussée, et après avoir refermé soigneusement la porte, le bandit se procura comme la veille de la lumière, et monta sans perdre une minute à l'étage supérieur.

Son premier regard jeté sur le lit lui montra la petite Blanche toujours étendue, les yeux fermés, dans la même attitude de profond sommeil.

Il était clair comme le jour que, depuis vingt-quatre heures, elle n'avait pas fait un mouvement.

— Diable! diable! se dit Rodille avec un commencement d'inquiétude, pourvu que je n'aie pas mis la dose trop forte! Voilà ce qui pourrait s'appeler une mauvaise affaire!

Il s'approcha du lit et fut à l'instant rassuré. Le visage de Blanche avait des teintes roses sur les joues, et le souffle qui soulevait sa poitrine était égal et doux.

— Allons... allons.... c'est parfait! murmura le bandit. Mais comme elle s'éveillerait tout à l'heure, mieux vaut qu'elle s'éveille tout de suite.

Il tira de sa poche un flacon de sels anglais et il en fit respirer le contenu à l'enfant, qui tressaillit, étendit les bras, souleva ses paupières et promena pendant quelques secondes autour d'elle le regard vague de ses grands yeux étonnés.

Blanche, arrachée aussi brusquement au sommeil de plomb qui pesait sur elle, ne se souvenait de rien et, ne reconnaissant ni l'endroit dans lequel elle se trouvait, ni l'homme debout en face d'elle, croyait continuer un songe commencé.

Personne n'ignore que l'un des effets les plus infaillibles des narcotiques administrés à hautes doses est d'amener un engourdissement de la pensée et de la mémoire, qui subsiste parfois longtemps encore après que le réveil physique est complet.

Il n'entrait point dans les intentions de Rodille de laisser cet engourdissement moral se prolonger d'une manière indéfinie, et il s'arrangea de façon à le faire cesser bien vite.

— Ma petite amie, dit-il, pourquoi donc me regardez-vous d'un air si drôle? On croirait que vous ne me reconnaissez pas.

— Où suis-je?... balbutia l'enfant.

— Comment! où vous êtes? Il paraît, ma belle mignonne, que vous perdez assez joliment la mémoire quand vous avez dormi deux heures! Ne vous souvenez-vous pas que je suis allé, ce soir même, vous chercher chez vous pour vous conduire auprès de votre papa, qui vous demandait? Ne vous souvenez-vous pas que je vous ai conduite ici, et qu'après vous avoir servi à souper je suis sorti pour aller trouver votre papa et vous l'amener?

Ces paroles, grâce auxquelles Rodille, on vient de le voir, supprimait les vingt-quatre heures écoulées depuis la veille, ravivèrent avec la promptitude de l'électricité les souvenirs de l'enfant.

—Oui, s'écria-t-elle, oui, c'est vrai... je me souviens de tout maintenant. Eh bien, monsieur, où est papa?... L'avez-vous vu?... Va-t-il venir?...

— Je l'ai vu, je le quitte... tout à l'heure nous étions ensemble. Les gens qui, ce matin, lui voulaient du mal sont devenus ses meilleurs amis et lui ont donné beaucoup d'argent... il va être très riche et très heureux, et vous le serez aussi.

— Quel bonheur, monsieur! répondit Blanche en frappant ses deux petites mains l'une dans l'autre. Mais pourquoi ne me dit-il pas tout cela lui-même?

— Parce qu'il ne lui sera point possible de venir ce soir.

Blanche pâlit.

— Ah !... balbutia-t-elle.

Et elle se prit à trembler de tous ses membres.

Rodille continua vivement :

— Non, il ne pourra venir, mais il m'a chargé de vous dire qu'il fallait être joyeuse, que sans cela vous lui feriez beaucoup de chagrin, et il m'a donné pour vous quelque chose.

La tête de Blanche se releva, ses yeux étincelèrent de curiosité.

—Quoi donc? demanda-t-elle. Oh ! monsieur, dites-moi vite ce qu'il a donné pour moi.

— Tout ceci... toutes ces belles choses, répliqua Rodille, en allant prendre les paquets apportés par lui, et en étalant sur le lit devant la petite fille et les toilettes brillantes et les jouets luxueux. Vous voyez, ma chère mignonne, que votre papa vous aime bien.

Shakspeare a dit de la femme : *Perfide comme l'onde!* on pourrait, ce nous semble, dire de l'enfance, et avec beaucoup plus de raison encore : *Mobile comme l'onde !*

L'enfance, en effet, est surtout l'âge heureux de la vie, parce que ses impressions sont essentiellement fugitives et s'effacent, pour faire place à d'autres, avec une facilité et une rapidité prodigieuses.

Voyez plutôt! Un gros chagrin gonfle ce jeune cœur, et sur ces joues fraîches et satinées les larmes coulent comme une pluie d'orage.

Ce profond désespoir dure quelques minutes à peine, puis le cœur dégonflé se rassénère et le sourire succède aux pleurs, comme les rayons du soleil aux averses d'un jour de printemps.

Il en fut ainsi pour Blanche Vaubaron ; il ne pouvait en être autrement.

La petite fille eut à peine jeté les yeux sur les merveilles inattendues étalées devant elle qu'elle poussa une exclamation de surprise ravie, et que les éclairs d'une joie immense rayonnèrent dans ses regards.

— Êtes-vous contente?

— Ah! s'écria Blanche, les belles robes!... la belle poupée!... et que de joujoux! Et c'est pour moi, pour moi tout cela ?... Bien vrai?

— Oui, mon enfant, tout cela est pour vous, tout cela vous appartient ; mais à la condition que vous serez gaie et que vous n'aurez pas de chagrin.

— Du chagrin, monsieur! pourquoi en aurais-je, puisque mon cher papa n'est plus malheureux, et puisque je l'embrasserai demain?. Oh! comme maman sera contente quand je lui dirai ces bonnes nouvelles et quand je lui montrerai toutes ces jolies choses! Vous allez me ramener près d'elle tout de suite, n'est-ce pas, monsieur?... Elle doit bien s'ennuyer toute seule.

— Il est trop tard aujourd'hui, répondit Rodille, et votre mère ne vous attend pas, car elle sait déjà que vous ne rentrerez pas ce soir.

— Mais alors, monsieur, je vais donc rester ici cette nuit?

— Oui, ma mignonne. Vous n'avez pas peur avec moi, j'espère?

— Oh non! monsieur... je crois que vous êtes bon, et vous connaissez papa...et papa a confiance en vous.

— Vous allez souper et dormir.

— Mais j'ai soupé déjà, ce soir, en arrivant.

Rodille sourit.

— Est-ce que vous ne vous sentez pas un peu d'appétit? demanda-t-il.

— Je n'en sais rien.

— Eh bien, mettez-vous toujours à table; en mangeant l'appétit viendra sans doute.

L'enfant pouvait bien se figurer que deux heures à peine venaient de s'écouler depuis son dernier repas, mais son estomac n'était point dupe de cette illusion.

A peine installée en face du guéridon chargé de

friandises, elle se mit à manger avidement et elle but sans défiance le même vin que la veille.

Cinq minutes après elle dormait d'un lourd sommeil, et Rodille la replaçait délicatement sur le lit.

— De mieux en mieux!... se dit-il avec une satisfaction sans mélange, en allant lui-même s'étendre sur le matelas jeté à terre dans le cabinet, où il s'endormit presque aussitôt.

Le bandit, comme tous les gens de son espèce à qui les hasards d'une existence aventureuse et criminelle donnent forcément l'habitude de se tenir sur leurs gardes, avait l'oreille très fine et le sommeil léger.

Vers minuit il se reveilla en sursaut et, se dressant sur son séant avec la plus complète lucidité d'esprit, il se demanda :

— Qu'est-ce que j'entends?...

Un bruit faible, mais parfaitement distinct, le bruit caractéristique d'une lime attaquant le fer avec une prudente lenteur, arrivait jusqu'à lui.

Il quitta le matelas sur lequel il s'était jeté tout habillé et il s'approcha de la fenêtre du cabinet.

Le bruit continuait.

Il fut au moment d'ouvrir cette fenêtre, déjà il portait la main sur l'espagnolette, mais il s'arrêta.

— On est en train de limer les barreaux des croisées d'en bas..., se dit-il. Je crois bien que nous allons rire!...

Il sortit du cabinet sans allumer de lumière.

Il traversa la chambre où Blanche était couchée et endormie et, descendant à tâtons l'escalier, il parvint à la salle du rez-de-chaussée.

Là, avec des précautions infinies et en réussissant à ne produire aucun bruit, il ouvrit l'un des volets intérieurs matelassés et capitonnés qui s'adaptaient aux fenêtres avec une précision mathématique, et il appliqua son oreille contre la vitre.

A sa grande surprise les grincements de la lime contre le fer arrivèrent à lui beaucoup moins distincts que lorsqu'il se trouvait à l'étage supérieur.

Il réfléchit pendant quelques secondes, puis il se dit :

— Ce n'est pas à moi qu'on en veut, la chose est manifeste... Les drôles attaquent la maison voisine dans l'espoir de mettre la main sur l'escarcelle du père Legrip. A votre aise!... mes gaillards, à votre aise!... nous rirons tout à l'heure mieux encore que je ne l'espérais!...

Et il referma le volet en murmurant :

— Les barreaux sont solides! Il faut en scier deux en deux endroits, pour passer!... En supposant que les drôles aient la main preste et l'habitude de la chose, j'ai tout au moins une demi-heure devant moi...

Certain qu'aucun rayon lumineux ne pouvait filtrer au dehors et trahir intempestivement sa présence, le voleur qu'on allait essayer de voler prit un briquet Fumade sur la tablette de la cheminée. Il trempa une allumette dans le phosphore, et alluma la mèche de l'une des bougies.

Ceci fait, il procéda à ce même déguisement qui s'est accompli une fois déjà sous nos yeux, et il ne lui fallut pas plus de dix minutes pour se transformer de la tête aux pieds en *père Legrip*.

Il alluma alors une lanterne sourde, il ouvrit le placard, il pressa le ressort; le panneau tourna sur ses charnières, démasquant le passage secret, et Rodille, ayant franchi ce passage, se trouva dans la salle basse de la maison voisine, derrière l'épais grillage doublé intérieurement de toile verte.

Le bruit aigu de la lime retentissait d'une façon si parfaitement nette, au milieu du silence, qu'on eût dit que les nocturnes travailleurs opéraient dans la pièce voisine.

A côté du vieux bureau sur lequel reposaient en permanence deux paires de pistolets, des balances à peser l'or et une sébile, tantôt pleine, tantôt vide, se voyait une poignée de cuivre attenant à une tige d'acier dont l'extrémité inférieure disparaissait dans le plancher, et dont il semblait impossible de deviner l'usage et la destination.

Rodille saisit des deux mains cette poignée et la

tira fortement à lui ; elle céda de quelques pouces, faisant monter avec elle la tige d'acier, et l'on entendit un craquement sourd, pareil à celui que produiraient des pièces de charpente en se disjoignant.

Le maître de la maison eut aux lèvres un sourire épanoui ; il lâcha la poignée et se frotta les mains.

Il visita ensuite les amorces des pistolets ; il ferma complètement la lanterne sourde, de manière à rendre les ténèbres impénétrables derrière le rideau de toile verte ; puis, non moins tranquille en apparence que lorsque le receleur Legrip attendait ses clients habituels, il s'installa dans son fauteuil vermoulu.

— Qui diable cela peut-il être ?... se demanda-t-il.

Et il se mit à passer en revue la liste incommensurable de tous les gredins de sa connaissance.

Laissons pour un instant Rodille dans la situation au moins bizarre d'un homme qui sait que de hardis malfaiteurs vont s'introduire dans sa maison avec effraction, qui les entend scier les barreaux de sa fenêtre et qui les attend, immobile, silencieux, le sourire aux lèvres, et voyons ce qui se passait, une heure auparavant, à une faible distance de l'habitation du receleur.

A cinq minutes à peine de la porte Maillot, dans

un terrain vague contigu au mur d'enceinte du bois de Boulogne, existait à cette époque un cabaret borgne d'un aspect tout à la fois hideux et repoussant.

C'était, non point une maison, mais une sorte de cahute étrange, bâtie avec de la boue, des moellons de rebut et des planches pourries. Cette construction, si basse d'étage qu'on n'y pouvait entrer qu'en se courbant, rappelait vaguement aux regards étonnés des promeneurs les plus misérables chaumières de la Sologne et du bas Anjou.

Elle n'avait qu'une fenêtre et qu'une porte; un tuyau de tôle, qui tremblait au vent, dominait sa toiture de paille et tenait lieu de cheminée.

Une touffe de bruyères sèches, suspendue au-dessus de la porte, annonçait aux piétons altérés que dans ce bouge immonde on vendait du vin et de l'eau-de-vie.

Généralement, pendant la journée, les buveurs faisaient défaut. On voyait alors, debout sur le seuil, un homme gros et court, d'une physionomie repoussante et farouche, la lèvre pendante et l'œil mauvais. Cet homme portait une vieille casquette en peau de loutre, une veste ronde et un tablier bleu à bavette; il croisait ses deux mains sur son ventre proéminent, et fumait une courte pipe noire.

C'était le cabaretier.

Il semblait fait pour son logis comme le colimaçon pour sa coquille ; la maison et lui complétaient mutuellement leur physionomie, on ne les aurait pas compris l'un sans l'autre.

L'homme avait la mine d'un échappé de Brest ou de Toulon ; le logis semblait un repaire.

Involontairement, en jetant les yeux sur cette tanière infecte et sinistre, on devait penser à ces légendaires coupe-gorge du bon vieux temps où, chaque nuit, on assassinait de nouvelles victimes dont les cadavres mutilés et dépouillés disparaissaient par des trappes ouvertes sur de mystérieuses oubliettes.

Si tel était, pendant le jour, l'aspect effrayant du bouge, qu'on juge de ce qu'il devait être aussitôt après la nuit tombée.

L'unique fenêtre avait un volet déjeté, qu'on fermait le soir, mais une lézarde profonde le traversait de part en part, laissant s'échapper les reflets d'une lumière fauve et les chants obscènes des buveurs.

Ce cabaret, bien connu des agents de la brigade de sûreté, recevait la population suspecte des rôdeurs de barrière, très nombreux jadis aux alentours des Champs-Élysées et du bois de Boulogne ; l'administration ne le faisait point disparaître, parce qu'une ville telle que Paris ne saurait se passer de certains repaires, objets d'une tolérance tacite, où la police est à peu près sûre de trouver ce qu'elle cherche quand quelque crime vient d'être commis et quand il s'agit de mettre la main sur des coupables encore ignorés.

Armons-nous de courage et franchissons le seuil.

Le bouge ne se composait que d'une seule pièce, au fond de laquelle on avait ménagé une soupente qui renfermait le lit du cabaretier.

Les murailles, absolument nues, n'avaient pas même été blanchies à la chaux.

Quatre quinquets crasseux et fumeux s'accrochaient de distance en distance.

Une demi-douzaine de petites tables boiteuses, une vingtaine d'escabeaux vermoulus et un antique comptoir, acheté d'occasion après faillite, composaient le mobilier.

Un petit nombre d'individus à mine farouche se trouvaient réunis dans ce cabaret, absorbant un affreux mélange d'alcool et de piment, et fumant des pipes bourrées avec des détritus de cigares ramassés sur la voie publique sous les pieds des promeneurs.

Une fumée épaisse et fétide saturait l'atmosphère et la rendait irrespirable pour d'autres poumons que pour ceux des habitués d'un tel lieu.

Au milieu de cette vapeur délétère, la flamme des quinquets vacillait et semblait sans cesse au moment de s'éteindre.

Deux hommes, assis à une petite table placée dans l'un des angles du bouge causaient vivement à voix basse.

L'un de ces hommes était un grand gaillard en blouse bleue, aux larges épaules, au torse herculéen; l'autre était un assez beau garçon vêtu avec une élégance prétentieuse et de mauvais goût.

Nous les connaissons déjà tous les deux. Le premier répondait au nom de *Mouche-à-Miel*, et le second à celui de *Ripainsel.*

— Il me semble, dit Ripainsel à son compagnon, que Vol-au-Vent se fait bien attendre.

— Cela prouve qu'il fait sa besogne en conscience, répondit Mouche-à-Miel; et d'ailleurs il ne nous a donné rendez-vous que pour onze heures... Il n'est donc pas en retard et c'est nous qui sommes en avance.

— Es-tu bien sûr, Mouche-à-Miel, que Vol-au-Vent soit solide au poste et ne nous tende pas un piège?

— Quelle idée te passe par la tête, et de quoi diable le soupçonnes-tu?

— De s'entendre avec ce vieux scélérat de père Legrip.

— S'entendre avec Legrip? répéta Mouche-à-Miel étonné.

— Oui.

— Pourquoi faire?

— Pour nous amener dans un traquenard où nous laisserons notre peau.

Dans quel intérêt le ferait-il ?

Dans l'intérêt de se faire payer par Legrip sa dénonciation.

Mouche-à-Miel haussa les épaules.

— Tiens, mon pauvre Ripainsel, dit-il ensuite, tu es fou et je ne te reconnais vraiment pas ce soir ! Vol-au-Vent est un brave garçon dont je répondrais comme de moi-même... D'ailleurs il y a mille fois plus de profit pour lui à dévaliser avec nous la caisse du receleur qu'à mendier quelques malheureux écus que le vieil arabe lui marchanderait.

— Du moment que tu réponds de Vol-au-Vent, me voilà tranquille. Crois-tu que nous trouverons beaucoup d'argent si le coup réussit ?

— Ça n'est pas douteux... il doit y avoir dans la maison des tas d'or et des ballots de billets de banque, sans compter l'argenterie et les bijoux... Songe donc que s'il fallait cent mille francs comptants pour faire une affaire, Legrip ne serait pas plus embarrassé de les prendre à la minute dans sa caisse, que moi de te donner une pièce de dix sous.

— Oui, sans doute. Seulement, tout ça doit être caché, et bien caché.

— Naturellement, mais nous trouverons la cachette. Nous sommes d'assez malins renards pour ne point fouiller le nid sans mettre la patte sur les œufs.

— Aurons-nous le temps de chercher ?

— Oui, cent fois oui ! Si Legrip est dans sa maison nous règlerons avec lui tous nos vieux comptes en une demi-minute et nous serons les maîtres au logis. S'il n'y est pas, au contraire, ce qui me paraît vraisemblable puisqu'on ne le rencontre jamais qu'en le faisant prévenir à l'avance par Richaud, ce sera plus simple encore et les choses iront toutes seules.

— Penses-tu que le coup sera pour cette nuit ?

— Mon avis est que le plus tôt sera le mieux ; mais cela dépend tout à fait de ce que va nous dire Vol-au-Vent.

Mouche-à-Miel achevait à peine cette phrase, quand le bruit d'un pas rapide se fit entendre sur la chaussée, non loin du cabaret.

Presque en même temps la porte s'ouvrit.

Tous les yeux se tournèrent à la fois vers cette porte, et un sentiment de malaise et d'inquiétude se peignit sur tous les visages.

Les hôtes du bouge furent d'ailleurs promptement rassurés.

Il était impossible de s'y méprendre, le nouveau venu ne pouvait être qu'un *collègue.*

XI

Vol-au-Vent était le coquin parisien par excellence, le gamin bandit, loustic et gouailleur, affichant des prétentions à l'esprit, faisant usage d'un jargon qui dédaignait généralement l'argot, mais qui s'enrichissait avec amour de locutions grotesques ou mélodramatiques empruntées aux théâtres du boulevard, que le jeune malfaiteur daignait honorer de sa présence toutes les fois qu'il ne *travaillait* pas.

Il s'arrêta sur le seuil du cabaret et fit un salut comique, imité de Pierrot des Funambules.

— Bonsoir, les jolis *camaros*, dit-il ensuite. Ça va bien? Allons, tant mieux, et moi pareillement! Par ma bonne dague de Tolède, messeigneurs, j'aime une nuit comme celle-ci, bien sombre au dehors, bien éclairée au dedans !... Brigue-dondaine, la Faridondaine ! Brigue-dondé, la Faridondé !... ne faites pas attention à votre serviteur. Vous avez vos affaires... c'est parfait... j'ai les miennes... De mieux en mieux !... Bien des choses chez vous... Chacun pour soi et Dieu pour tous !

Après avoir débité joyeusement ces calembredaines, avec jeux de physionomie variés, et imitation des acteurs en vogue, Vol-au-Vent fit une triple pirouette, salua derechef et alla s'asseoir à la petite table, entre Mouche-à-Miel et Ripainsel.

— Vous m'attendiez depuis longtemps ? demanda-t-il en baissant la voix.

— Un peu, mon fiston, répondit Ripainsel, et même nous commencions à nous étonner de ton retard.

— Moi en retard ! répliqua Vol-au-Vent, jamais de la vie ! je suis à l'heure comme une montre marine. C'est sur moi qu'on règle quotidiennement le canon du Palais-Royal. L'exactitude est la politesse du bon *pègre*.

— Parlons raison, interrompit Mouche-à-Miel.

Vol-au-Vent fredonna :

S'il est un temps pour la folie,
Il en est un pour la raison.

— Tu viens de l'endroit en question ? reprit Mouche-à-Miel.

— Un peu que j'en viens! Presque deux jours et deux nuits de garde hors de tour!... plus que ça de faction!... excusez!

— Et tu n'as pas perdu ton temps?

— Je m'en flatte.

— Qu'à-tu à nous apprendre?

— Que le vénérable père Legrip possède, je ne sais où, je ne sais quel domicile qui est le véritable, qu'il n'habite ni peu ni beaucoup sa maison de l'avenue de Neuilly et qu'il vient seulement quand Richaud l'a prévenu que nous autres, pauvres moutons, nous l'attendons pour nous faire tondre jusqu'au vif.

— Tu es sûr de ce que tu dis?

— Comme je le suis de plaire aux dames.

— Et Legrip n'est pas venu cette nuit?

— Ni cette nuit, ni la nuit dernière.

— Alors la solitude est absolue?

— Absolue chez le vieil arabe, oui. Mais la maison qui touche à la sienne, et que nous avions toujours supposée déserte, est habitée...

— Ah diable!... et par qui donc?

— Par un homme seul, que je crois jeune et qui me produit l'effet d'être un drôle de particulier tout de même.

— Pourquoi?

— Il a des allures, ce paroissien-là, qui me chiffonneraient la boussole si j'étais dans les chasseurs au lieu d'être dans le gibier... Il est arrivé hier soir, vers les onze heures, portant sur son bras gauche un gros paquet qui ballottait et que j'aurais pris pour un moutard endormi ou trépassé, n'était l'absurdité parfaite d'une telle supposition... Avant d'ouvrir sa porte et d'entrer, il regarda tout autour de lui pendant au moins cinq minutes, à la façon d'un homme qui a le *trac* d'être guetté !... Je sais ce que c'est... ça ne me connaît que trop !... je n'ai peur de rien, mais sitôt que je soupçonne un agent sur mes talons, le *taf* m'empoigne.

— Il ne t'a pas vu, ce particulier ?

— Plus souvent ! J'étais installé derrière un arbre, et je ne laissais passer que mon œil gauche. D'ailleurs, il faisait noir comme dans un four : je cherchais ma main gauche, croyant l'avoir perdue... jugez ! Ce matin il est sorti. J'aurais voulu le dévisager en face, mais il tenait son mouchoir de poche sur son nez, et je n'ai aperçu de son *facies* que de grands favoris noirs qui lui font tout le tour du cou.

— Et ce soir il est revenu ?

— Oui... vers dix heures, avec beaucoup de paquets sur les deux bras, et qui ne ressemblaient plus à des moutards.

— Qu'est-ce que tu dis de ça, Ripainsel ? demanda Mouche-à-Miel.

— Je dis qu'il aurait mieux valu n'avoir pas du

tout de voisinage, mais que ce petit inconvénient ne doit point nous empêcher de faire ce qui est convenu.

— Est-ce aussi ton avis, Vol-au-Vent?

— Par ma foi de gentilhomme! je le crois bien que c'est mon avis! déclama le jeune misérable.

— Alors nous agirons cette nuit!

— Il ne faut perdre ni une heure ni une minute: nous agirons tout de suite, et je viens vous chercher pour commencer la besogne.

Un plus long échange de paroles devenait inutile.

Mouche-à-Miel quitta la petite table et s'approcha du cabaretier, auquel il parla tout bas pendant quelques secondes, et dont un hideux sourire éclaira le visage de bouledogue.

— Est-ce convenu? demanda Mouche-à-Miel en terminant.

— Ça peut se faire très bien, mon vieux, répondit le maître du bouge. J'ai là tout ce qu'il vous faut: des pinces, des limes, des rossignols, une lanterne sourde et le reste; mais vous connaissez l'habitude de la maison: je ne livre les objets que contre le dépôt de trois monarques, et, quand on me les rapporte, on me paye cent sous pour ma location. Ça vous va-t-il?... On ne force personne.

— Oui, oui, ça nous va, fit Mouche-à-Miel. Puisque tel est l'usage, on s'y conformera... Préparez les bibelots..., je vais préparer le métal...

Le cabaretier entra dans la soupente qui lui servait de chambre à coucher, et l'on entendit presque aussitôt un bruit de ferrailles.

Mouche-à-Miel s'approcha de ses compagnons ; il leur dit quelques mots. Chacun d'eux se fouilla et tira de sa poche une pièce d'or. Lui-même fournit un troisième louis, et ces soixante francs passèrent dans les mains du cabaretier, qui pratiquait l'étrange industrie de louer aux voleurs de sa connaissance les instruments nécessaires pour opérer une effraction bien en règle, lorsqu'ils avaient à *travailler* dans son quartier et qu'ils ne s'étaient point munis de leur propre arsenal.

En échange de la somme convenue, Mouche-à-Miel reçut un petit sac, fort lourd en apparence, et le dissimula sous sa blouse.

Il fit ensuite un signe à Vol-au-Vent et à Ripainsel, qui se levèrent et sortirent avec lui.

Au bout d'un instant, tous trois arrivaient en face des deux maisons jumelles. Ils s'arrêtèrent à la porte du mystérieux logis de Legrip, et, après avoir tenu conseil relativement à celle des fenêtres qu'il semblait convenable d'attaquer, Mouche-à-Miel fouilla dans son sac. Il en tira une lime d'acier d'une trempe supérieure, et il se mit en devoir de limer un des lourds et solides barreaux.

Si adroite et si prudente que fût la main qui

tenait l'outil, une telle opération ne pouvait se mener à bien sans être accompagnée d'un bruit caractéristique et facilement reconnaissable pour une oreille exercée.

C'est ce bruit que Rodille, tiré brusquement de son sommeil, avait entendu, et sur la nature duquel il n'avait pas hésité un seul instant.

Ce n'est point une sinécure, tant s'en faut, que le métier de voleur!

Ceux qui l'exercent gagneraient plus et travailleraient d'une façon beaucoup moins fatigante s'ils voulaient se contenter d'être d'honnêtes gens et de bons ouvriers.

Sans compter qu'ils n'entreverraient pas, dans un avenir inévitable et souvent prochain, la réclusion, le bagne, et souvent l'échafaud, car le vol conduit au meurtre par des chemins rapides, et, une fois lancé sur la pente fatale, on n'est plus le maître de s'arrêter.

Mais faites donc comprendre cela à des gens que la *vocation* entraîne!

Limer un gros barreau de fer est un labeur des plus pénibles. Au bout de cinq minutes Mouche-à-Miel, haletant et ruisselant de sueur, passa la lime à Ripainsel, sans avoir avancé beaucoup le travail commencé.

Ripainsel se fatigua à son tour et céda la place à

Vol-au-Vent, qui parvint à terminer à son honneur la première incision.

Il en restait trois autres à faire. L'œuvre s'accomplit lentement, mais enfin elle s'accomplit, et, au bout d'une demi-heure, la fenêtre mal défendue par son armature de fer ne fut plus protégée que par ses vitres.

Ici la besogne devenait un jeu. Une minute suffit à Ripainsel pour pratiquer une ouverture arrondie, avec l'aide d'un diamant de vitrier et d'une boule de poix.

Vol-au-Vent glissa dans cette ouverture son bras maigre et long comme celui d'un singe de la grande espèce. Il souleva l'espagnolette, et la fenêtre s'ouvrit tout au large.

Rodille, assis derrière le grillage et le rideau vert, toujours immobile comme au moment où nous l'avons quitté, retenait son haleine et appuyait sur les crosses de ses pistolets ses deux mains agitées par de faibles tressaillements nerveux.

Il n'avait rien à redouter; du moins ses précautions étaient prises de manière à lui permettre cette conviction, mais il commençait à trouver l'attente un peu longue.

Vol-au-Vent se pencha vers Mouche-à-Miel.

— Nous ne pouvons pas entrer là-dedans à l'aveuglette, lui dit-il. Autant vaudrait faire une partie de colin-maillard dans le ventre de l'éléphant de la Bastille. Je crois que voici la vraie minute d'allumer la lanterne magique. Attention, messieurs, mesdames, v'là le spectacle qui va commencer !... Ho !... hé !... machinistes..., au rideau !

— Enragé bavard, murmura Ripainsel, tais-toi donc ! Si quelqu'un passait dans l'avenue, tu nous ferais pincer !

— Suffit !... répliqua Vol-ou-Vent. Je clos mon bec, et je vais étudier un rôle du *muet du sérail*, pour la prochaine de *la grande opéra*.

Cependant Mouche-à-Miel avait tiré du sac la petite lanterne sourde donnée par le cabaretier, et il battait le briquet pour l'allumer.

Un instant après, un rayon pâle jaillissait du tube de fer-blanc, et ce rayon, dirigé vers l'intérieur de la chambre vaste et sombre, dessinait un cercle blafard sur la toile verte aux plis immobiles.

Vol-au-Vent fit une grimace comique en allongeant ses narines et ses lèvres, en aspirant l'air bruyamment et, malgré sa récente promesse de se condamner au silence, il ne put s'empêcher de dire :

— Par l'épée de mon père et la croix de ma mère, messeigneurs, je flaire les *monarques* et les *tailbins d'altèque!* Ne trouvez-vous pas, comme moi, que ça sent la monnaie ici? C'est dans ce local que ce vieux filou de Legrip a coutume de plumer les pigeons sans s'inquiéter s'il les fait crier! Les pigeons vont avoir leur revanche et reprendre leurs plumes!... Doit-il y en avoir, derrière la toile du fond, de ces jaunets et de ces *fafiots garatés!* Poignards et torches! doit-il y en avoir!

Ripainsel haussa les épaules.

Mouche-à-Miel, qui avait un faible très prononcé pour Vol-au-Vent, se mit à rire avec indulgence.

— Qui passe le premier? demanda-t-il.

— Moi, répondit le voleur imberbe. C'est le droit du plus jeune, et j'en use!

Alors, s'élançant comme un clown du cirque Franconi, il franchit avec une légèreté incomparable le rebord de la fenêtre, retomba sur un seul pied de l'autre côté, et prit une attitude de danseur.

— La main aux dames! fit-il ensuite en se retournant. Mes gentilshommes, donnez-vous la peine d'entrer.

XII

— Ah! ah! se dit Rodille, derrière le rideau, en entendant la voix du jeune bandit, c'est ce petit gueux de Vol-au-Vent! Alors les deux autres doivent être Mouche-à-Miel et Ripainsel, ou je me trompe fort.

Nous savons déjà que Rodille ne se trompait pas.

Les deux bandits qu'il venait de nommer passèrent successivement par la fenêtre.

— Y a-t-il une porte dans le grillage? demanda Mouche-à-Miel.

— Qu'il y en ait ou qu'il n'y en ait pas, peu importe, répondit Ripainsel. Avec les bonnes cisailles que voici, nous en aurons bientôt fait une.

Les trois voleurs s'avancèrent alors vers cette

cloison si frêle en apparence, si résistante en réalité, qui les séparait de l'intérieur du logis.

Ils marchaient à peu près sur la même ligne. Vol-au-Vent s'arrêta tout à coup et retourna en arrière.

— Où diable vas-tu donc ? lui dit Ripainsel, étonné de cette volte-face imprévue.

— Je vais fermer la fenêtre, répliqua le jeune homme. Il n'y a rien au monde de plus malsain que les fenêtres ouvertes la nuit.... Je parie que, demain matin, ce brave père Legrip sera de mon avis.

Mouche-à-Miel et Ripainsel, qui marchaient toujours, allaient atteindre le grillage. Soudain ils chancelèrent à la fois. Un double cri d'épouvante jaillit de leurs deux bouches. La lanterne sourde s'échappa des mains de Mouche-à-Miel et s'éteignit ; les ténèbres envahirent la salle basse.

Les bandits venaient de sentir le plancher se dérober sous leurs pieds. Ils n'enfonçaient pas, cependant, mais ils ne pouvaient ni avancer, ni reculer, cloués à l'endroit où ils se trouvaient par une douleur atroce ; des étaux d'acier meurtrissaient leurs chairs et menaçaient de broyer leurs os. Ils se débattaient ainsi que des bêtes fauves prises au piège.

— Voyons, voyons, qu'est-ce que c'est ? qu'y a-t-il ? demanda Vol-au-Vent, stupéfait, auprès de la fenêtre qu'il était en train de fermer. Pourquoi rugissez-vous comme ça ? Est-ce qu'on vous écorche tout vifs ? Est-ce que vous venez de vous payer une entorse dans le grand genre ?

Ce fut Rodille qui répondit à ces questions, et son unique réponse fut un éclat de rire.

Vol-au-Vent tressaillit : il reconnaissait le timbre métallique de ce rire.

— Tiens ! tiens ! vous étiez là, père Legrip, en catimini ! s'écria-t-il, et vous venez de jouer un mauvais tour aux amis ! C'est malpropre, savez-vous ? parole d'honneur ! On prévient, dans ces cas-là. On dit aux gens : « *N'entrez pas !* » On se prive de faire le malin ; enfin, on ne s'expose point à ce qui va vous arriver.

Tout en disant ce qui précède, Vol-au-Vent avait tiré de sa poche un petit pistolet, et s'orientant de son mieux, d'après l'éclat de rire qu'il venait d'entendre, il fit feu dans la direction du grillage.

Pour avoir tiré au jugé, le bandit n'en avait pas moins tiré juste.

La balle effleura les cheveux blancs de la perruque du faux père Legrip, et alla s'enfoncer dans la muraille derrière lui.

— Tu m'as manqué, gredin ! s'écria Rodille en se levant au comble de la rage. Eh bien moi je ne te manquerai pas...

En même temps, d'un geste rapide, il écarta la draperie verte, il démasqua sa lanterne sourde, il dirigea contre Vol-au-Vent le canon de l'un de ses pistolets et il pressa la détente.

Rodille était un excellent tireur, il faisait *mouche* onze fois sur douze.

Vol-au-Vent tourna sur lui-même, battit l'air de ses bras et s'abattit lourdement, comme un homme frappé de la foudre.

— Il a son compte ! murmura le receleur. Aux autres maintenant !...

Son doigt fit jouer un ressort intérieur.

Aussitôt un panneau grillagé se reploya, et le faux père Legrip, tenant un pistolet de chaque main, entra dans cette partie de la salle basse où les deux bandits se trouvaient captifs.

Alors et seulement alors, Ripainsel et Mouche-à-Miel purent se rendre compte de la nature et de l'origine des tortures qu'ils enduraient.

Les instruments de leur martyre étaient des pièges à loup, de grande dimension, cachés habilement sous une feuille du parquet, feuille mobile à laquelle une cheville d'acier, disposée tout exprès, donnait la stabilité désirable. Rodille n'avait qu'à supprimer une cheville, et il l'avait fait devant nous, pour que la planche cédât sous la pression la plus légère laissant les pièges surgir à sa place.

Mouche-à-Miel et Ripainsel, pris comme des

loups par les deux jambes, croyaient leur dernière heure sonnée et continuaient à se lamenter et à gémir.

— Eh bien, mes drôles, leur dit Rodille en se posant devant eux avec un sourire goguenard, vous avez donc eu la fantaisie de dévaliser un peu cette nuit ce pauvre père Legrip qui ne vous a jamais fait que du bien !... Vous voilà punis par où vous vouliez pécher !... Vous croyiez déjà tenir les écus du *vieil arabe*, comme vous l'appelez, et c'est le vieil arabe qui vous tient... Qu'est-ce que vous dites de ça, mes petits amis ?... qu'est-ce que vous dites de ça ?...

— Mon bon monsieur Legrip, balbutia Mouche-à-Miel d'une voix lamentable, que la douleur physique et l'émotion morale étranglaient, ayez pitié de nous ! faites-nous grâce ! ne nous tuez pas, mon bon monsieur Legrip !... Epargnez deux pauvres diables qui ne recommenceront jamais.

— Je suis donc maintenant votre *bon monsieur Legrip?* demanda Rodille avec un ricanement qui sembla féroce aux captifs et qui les glaça d'époupouvante.

Néanmoins, Ripainsel se hâta de répondre :

— Oui, certes, vous l'êtes ; vous l'avez toujours été, vous le serez toujours.

— Et c'est pour cela, sans doute, que vous aviez

l'intention de me dépouiller bel et bien du peu que je possède?

— Hélas! nous ne pensions pas à mal, répliqua Mouche-à-Miel, c'est Vol-au-Vent, qui nous a mis dans la tête cette idée malencontreuse.

— Idée que vous avez suivie avec empressement!...

— La tentation était trop forte, mon bon monsieur Legrip!... Jugez-en... Vol-au-Vent nous avait fait croire que vous aviez beaucoup d'argent.

— Le drôle est déjà puni!.... Regardez!...

— Il n'a que ce qu'il mérite! vous l'avez tué, c'est bien fait, et nous vous faisons les plus grands serments que nous ne songeons guère à le plaindre.

— Vous avouez que vous êtes des gredins?

— Nous l'avouons mille fois pour une.

— Des scélérats, des sacripants, sans délicatesse et sans honneur?

— Hélas! il faut bien en convenir.

— Et, ce qui est cent fois pis encore, des maladroits et des imbéciles?

Ripainsel et Mouche-à-Miel hésitèrent.

Même dans les situations les plus critiques l'amour-propre perd difficilement ses droits. On se reconnaît criminel... on refuse de se déclarer idiot.

— Oui, des maladroits et des imbéciles! reprit

Rodille, et je vous le prouve. Vous êtes des imbéciles de n'avoir su ni deviner ni comprendre que le vieux Legrip n'est point bâti comme un autre, qu'il veille jour et nuit, et que le prendre en défaut est chose impossible.

» Vous êtes des maladroits d'être venus vous jeter la tête la première, comme des oisons, dans le piège que je vous tendais.

» J'ajouterai que vous êtes des sots de vous être attaqués à moi qui suis pour vous un père nourricier! Où trouveriez-vous dans Paris, je vous le demande, un receleur aussi discret, un acheteur aussi facile? Nulle part! En cherchant à me dépouiller, vous tordiez tout bonnement le cou à la poule aux œufs d'or!... »

L'irrésistible et logique argumentation de Rodille produisit son effet.

Mouche-à-Miel et Ripainsel baissèrent la tête sans répondre, et prirent la mine des gens convaincus.

Le faux père Legrip savoura pendant quelques secondes les douces joies de son triomphe, puis il continua :

— Vous êtes dans mes mains absolument! J'ai sur vous droit de vie et de mort! Je pourrais vous tuer, et personne n'aurait un mot à dire, car les barreaux limés et la vitre entaillée démontrent jusqu'à l'évidence l'effraction, et établissent le cas de légitime défense.

» J'aime mieux faire semblant de croire à votre repentir et vous pardonner pour cette fois... Je vous rends donc la liberté... Allez vous faire pendre ailleurs, et souvenez-vous que le *vieil arabe* vous a donné la vie et ne vous a rien fait payer pour ça !... »

En même temps il touchait un ressort, et les pièges à loup, se détendant aussitôt, lâchaient leur proie.

Les deux bandits s'occupèrent d'abord de frictionner leurs jambes meurtries, qui supportaient avec peine le poids du corps; puis, aussitôt qu'ils eurent rétabli tant bien que mal la circulation du sang, ils accablèrent le receleur des protestations de leur reconnaissance et de leur dévouement.

Rodille les écoutait avec un sourire ironique et en hochant la tête à la façon des vieillards.

Il les interrompit au bout d'une minute.

— En voilà assez ! leur dit-il. Tout ça, c'est très bien... tout ça, c'est parfaitement sincère, mais si vous me teniez présentement dans un carrefour du bois de Boulogne, si je ne portais pas d'armes et si vous aviez de bons couteaux, vous me chanteriez une autre gamme...

— Mon bon monsieur Legrip, hasarda Mouche-à-Miel, je vous jure...

Rodille ne le laissa pas achever.

— Bon ! bon !... reprit-il, *sufficit !* Vous me donneriez un prix Montyon, c'est convenu, et n'en parlons plus !... Je veux vous éviter la peine de sortir par où vous êtes entrés... voilà la porte ouverte... Bonsoir...

Les deux voleurs, fort satisfaits au fond de se trouver hors de la portée des pistolets tout armés que tenait le receleur, ne se firent point répéter deux fois cette invitation.

Ils saluèrent le faux père Legrip jusqu'à terre et ils disparurent dans les ténèbres de l'avenue.

Rodille, resté seul, referma la porte, barricada la fenêtre et, s'approchant du corps de Vol-au-Vent qui gisait au milieu d'une mare sanglante, il se dit :

— Voyons si le drôle est bien mort !...

Il semblait impossible d'en douter, la blessure offrait une apparence effrayante. La balle ayant atteint le sommet de la tête, une couche épaisse de sang caillé couvrait le visage et les cheveux et donnait au cadavre un aspect hideux.

— Je lui ai parfaitement brisé le crâne... murmura Rodille, il a son compte, et j'en suis fâché... il m'allait ce garçon-là... C'était ce qui s'appelle un joli voleur, et d'un aimable caractère... toujours de bonne humeur... toujours le mot pour rire... Il a voulu me brûler la cervelle tout à l'heure, mais ça n'empêche pas que je le regrette... d'autant plus qu'il m'embarrasse beaucoup... Que diable vais-je faire de lui?...

La question que Rodille venait de se poser n'était pas facile à résoudre.

Le corps d'un homme tué d'un coup de pistolet est plus gênant qu'on ne saurait dire, surtout lorsqu'il est indispensable que ce corps disparaisse à tout jamais.

Il ne fallait point songer à traîner ou à porter le cadavre sur la voie publique et à l'abandonner là, le résultat d'une pareille imprudence devant être d'amener une enquête dès le lendemain; or, Rodille professait à l'endroit des enquêtes une profonde et légitime horreur.

Que faire donc?...

Le misérable réfléchit pendant un instant, et ébaucha ensuite le geste d'un homme qui, s'étant donné à résoudre un problème embarrassant, vient de trouver la solution.

— Je m'en vais provisoirement le jeter dans la cave, se dit-il, et je l'enterrerai demain.

XIII

Rodille ne retarda pas d'un instant la mise à exécution du projet que nous venons de lui entendre formuler.

Il prit dans ses bras le corps de Vol-au-Vent et il le porta, en traversant le passage secret, dans la pièce du rez-de-chaussée de la maison voisine.

Il ouvrit la trappe parfaitement cachée qui masquait l'escalier de pierre conduisant à la cave que nous connaissons déjà; il saisit le cadavre par les épaules et il le lança dans les ténébreuses profondeurs béantes au-dessous de lui.

Un bruit sourd et sans écho se fit entendre, le corps inanimé du bandit venait de rebondir sur le sol sablonneux. .

— Il a passé comme une lettre à la poste !... murmura Rodille. La nuit prochaine je m'occuperai de le mettre en terre... J'ai justement une pioche en bas... la fosse sera facile à creuser...

Ayant ainsi parlé, il laissa retomber la trappe et retourna dans l'autre maison.

Rodille savait un peu tous les métiers. Aucun travail manuel n'offrait pour lui de difficultés insurmontables. Il fabriquait lui-même, aussi bien que le plus habile ouvrier, toutes les fausses clefs dont il éprouvait le besoin de se servir.

En conséquence, il avait installé une petite forge dans une partie reculée de la maison. Rien ne manquait à cette forge, ni l'enclume, ni le soufflet, ni les marteaux, ni la provision indispensable de fer et de combustible.

Ceci nous explique comment, en moins de deux heures, il lui fut possible de faire disparaître les traces extérieures d'effraction, en remplaçant par des barreaux neufs les deux barreaux limés.

Il remit ensuite un carreau à la fenêtre, et il épongea soigneusement le sang répandu sur le plancher.

Lorsqu'il eut achevé ces différentes besognes, il aurait été tout à fait impossible de soupçonner, en visitant la salle basse, le drame étrange dont cette même salle venait d'être le théâtre.

Le jour allait paraître.

Rodille, malgré ses nerfs et ses muscles d'acier,

commençait à se sentir épuisé de fatigue.

Il retourna se jeter sur le matelas posé à terre dans le cabinet voisin de la chambre de Blanche.

Il dormit deux heures ; il se réveilla frais et dispos, et sortit comme la veille pour ne rentrer que le soir, un peu avant le moment où le réveil de la petite Blanche allait avoir lieu.

Nous ne reproduirons point ici la conversation du misérable et de l'enfant, non plus que les beaux raisonnements grâce auxquels il parvint, sans trop de peine, à lui persuader qu'il fallait prendre patience, et que l'absence prolongée de son père et de sa mère ne devait point lui sembler inquiétante.

L'usage répété du narcotique puissant et pris à hautes doses commençait d'ailleurs à produire un effet fatal sur l'organisation de la pauvre Blanche. L'engourdissement physique ne se dissipa point ce soir-là d'une façon absolue ; l'intelligence, si vive d'habitude, resta comme endormie, et c'est à peine si les beaux jouets et les parures, brillantes vinrent à bout, pendant quelques instants, de dissiper la torpeur de la petite fille.

— Voilà qui marche à souhait !... pensa Rodille, demain je serai dispensé de l'ennui des explications, car demain cette enfant ne me demandera plus rien.

Et, très désireux d'arriver à ce résultat, il versa,

pour la troisième fois, quelques gouttes de la liqueur somnifère dans le vin que Blanche allait boire.

Elle ne fit que goûter à ce vin ; sa tête, alourdie subitement, se pencha sur son épaule, et elle s'endormit sans même achever son repas.

— Le moment est venu de songer aux obsèques de ce pauvre diable de Vol-au-Vent! se dit alors Rodille. C'est un grand honneur pour lui d'être enterré, comme il va l'être, dans une cave où il y a beaucoup d'or!... Il en tressaillerait de jubilation, sans aucun doute, s'il n'était pas si parfaitement trépassé!...

Cette réflexion, d'une jovialité funèbre, fit éclore sur les lèvres du bandit ce diabolique sourire dont elles avaient l'habitude.

Il alluma sa lanterne sourde; il souleva la trappe et il se mit en devoir de descendre les marches de l'escalier.

La cave, vaste et profonde, était sombre comme l'intérieur d'un tombeau.

A mesure que Rodille s'enfonçait dans les ténèbres, le cercle faiblement lumineux projeté par la lanterne s'élargissait devant lui et semblait rendre plus compacte, plus impénétrable, l'obscurité des parties que ces douteuses lueurs n'atteignaient pas encore.

Quelques-unes des toiles les plus bizarres de

Rembrandt pourraient seules, bien mieux que toutes les descriptions écrites, donner à nos lecteurs une idée exacte de cet étrange et frappant effet d'ombre et de lumière.

Arrivé sur l'avant-dernière marche, Rodille s'arrêta, et son regard interrogea le cercle transparent qui le précédait.

A l'instant même une expression d'étonnement se peignit sur son visage. Cet étonnement, vague d'abord et comme incertain, grandit bien vite et prit des proportions inouïes à mesure que l'examen se prolongeait.

Au bout de quelques secondes Rodille, le cou tendu en avant, les yeux fixes et effarés, la bouche entr'ouverte, offrait l'image exacte d'un homme que la stupeur aurait métamorphosé en statue.

Un mot suffira pour expliquer la cause de cette stupeur quasi foudroyante.

La cave était vide.

Une empreinte large et sanglante se voyait sur le sable, au bas de l'escalier, dans l'endroit précis où le corps de Vol-au-Vent, s'était abattu, mais cette empreinte subsistait seule; le cadavre lui-même avait disparu.

Rodille revint à lui-même.

Il crut rêver et se frotta les yeux.

— Allons donc, c'est impossible!... se dit-il à voix presque haute. Je ne vois rien, c'est vrai, mais il est clair comme le jour que je suis dupe d'une illusion qui va se dissiper... Les morts ne ressuscitent point, et d'ailleurs, mort ou vivant, le corps de Vol-au-Vent n'a pu sortir d'ici.

En même temps, bondissant du haut de cette marche sur laquelle il était immobile, il s'élança pour fouiller la cave dans tous ses coins et dans tous ses recoins, en murmurant d'une voix rauque :

— Je le trouverai... oh ! je le trouverai !

Il n'alla pas bien loin.

A peine venait-il de faire quelques pas, qu'il recula comme si la pointe d'une arme menaçante s'était dressée en face de lui et, tandis qu'il reculait ainsi, un cri terrible, farouche, une sorte de râle dans lequel éclataient à la fois toutes les notes de la fureur et du désespoir s'échappa de sa gorge haletante.

Ses yeux venaient de tomber sur l'endroit où, d'habitude, une barrique vide recouvrait son trésor.

Cette barrique n'était plus à sa place.

La cachette éventrée offrait aux regards un trou noir et vide, et tout à l'entour quelques pièces d'or, quelques fragments de bijoux brisés, brillaient éparpillés sur le sable.

Rodille, en contemplant ce spectacle déchirant pour son cœur de bandit avare, sentit le sang affluer à son cerveau avec une impétuosité si grande que sa vie se trouva soudain en sérieux péril. Ses yeux se troublaient; des bourdonnements confus remplissaient la boîte osseuse de son crâne; ses tempes battaient comme si elles allaient éclater.

Une congestion cérébrale devenait imminente.

Le scélérat ne se fit point illusion à cet égard, et, comme il tenait encore plus à la vie qu'aux richesses mal acquises dont on venait de le dépouiller, il s'efforça de dominer les émotions mortelles qui bouleversaient son être; il arracha la cravate qui l'étranglait; il se laissa tomber sur le sol, et il rafraîchit son front brûlant avec des poignées de sable humide.

Au bout de deux ou trois secondes le sang avait repris son cours naturel et le danger n'existait plus.

Rodille alors releva lentement la tête, et ç'eût été le plus curieux, le plus inouï de tous les spectacles, que de voir cet homme si fort, ce misérable au cœur bronzé par le crime et l'infamie, verser de grosses larmes, gémir et se lamenter comme un enfant.

— Je suis volé!... balbutia-t-il d'une voix indistincte et entrecoupée de sanglots, je suis ruiné!... Ce monstre a tout pris... il a tout emporté!... Cet or... ces bijoux... cette fortune enfin, qui faisaient ma joie et ma gloire... tout est parti... je n'ai plus rien...

En parlant ainsi Rodille se mentait à lui-même de la meilleure foi du monde; il demeurait possesseur de la somme énorme volée par lui, trois jours auparavant, dans la caisse du baron de Viriville, et mise en lieu de sûreté; mais son anéantissement était si complet qu'il oubliait cette richesse.

La prostration du bandit dura plus d'une heure, et pendant cette heure il ne cessa de répéter les mêmes paroles, d'un ton lent et monotone, ainsi que le font les fous quand ils se parlent à eux-mêmes sous l'empire de leur idée fixe.

Tout à coup un grand changement s'opéra en lui ; ses yeux se séchèrent ; un feu sombre s'alluma dans ses regards, et l'expression désolée de son visage devint menaçante et féroce.

Une pensée soudaine venait de traverser son esprit.

— Tout n'est pas encore désespéré, s'était-il dit. L'infâme Vol-au-Vent n'a pu s'enfuir avec son butin puisque cette cave n'a d'autre issue que l'escalier et puisque la trappe qui ferme cet escalier était assujettie depuis le dehors assez solidement pour déjouer toute tentative d'évasion... Donc il est encore ici..., donc il se cache à quelques pas de moi... je vais le retrouver, et alors... oh ! alors, malheur à lui !...

Auprès de Rodille gisait sur le sable une douve provenant d'un tonneau défoncé. Le bandit la saisit de la main droite afin de s'en faire une arme ; il prit la lanterne de la main gauche et, se relevant brusquement, il se disposa à continuer l'exploration interrompue par la découverte stupéfiante de sa cachette violée et mise au pillage.

Une déception nouvelle l'attendait, moins dangereuse peut-être, mais à coup sûr aussi cruelle que la première.

En se disant avec conviction que l'escalier de pierre constituait l'unique issue de la cave, Rodille s'abusait d'une façon complète et sa mémoire, momentanément affaiblie, le servait mal.

A une hauteur de dix pieds environ au-dessus du sol existait un soupirail étroit, défendu par deux barres de fer mises en croix, et prenant jour sur un terrain inculte situé derrière la maison et dont nous avons parlé dans un précédent chapitre.

Deux futailles avaient été placées l'une sur l'autre et s'élevaient presque jusqu'au soupirail ; en outre les barres de fer, tordues et arrachées de leurs alvéoles, ne défendaient plus le passage.

Il devenait de la dernière évidence que Vol-au-Vent s'était servi, pour s'enfuir, de ce chemin périlleux, et que le succès avait couronné son entreprise.

Rodille, anéanti de nouveau, s'assit sur une des marches de l'escalier et cacha sa tête dans ses mains.

XIV

Voici ce qui s'était passé :

La blessure de Vol-au-Vent, mortelle en apparence, était en réalité fort peu de chose.

La balle de Rodille avait entamé le cuir chevelu sans briser les os du crâne, produisant à peu près l'effet d'un violent coup de bâton ferré appliqué sur la tête.

Ce terrible choc avait eu pour résultat un évanouissement immédiat et une abondante effusion de sang. Or, nous savons déjà que Rodille, malgré son extrême habitude du meurtre, s'était fait une illusion complète en croyant qu'il venait de briser une tête lorsqu'il n'avait réussi qu'à l'effleurer.

Sauvé comme par miracle de ce premier péril,

Vol-au-Vent devait, un instant après, courir un danger tout aussi grand.

Sa chute, ou plutôt son engloutissement dans les profondeurs de l'escalier, était de nature à chasser du corps, quatre-vingt-dix neuf fois sur cent, une âme moins solidement chevillée que la sienne.

Mais il était sans doute écrit au livre du Destin que le jeune coquin ne devait point mourir cette nuit-là.

Si Rodille, au lieu de le précipiter dans la cave, l'avait jeté dans la rivière, il nous paraît à peu près certain que les eaux noires de la Seine auraient refusé de l'engloutir.

Son évanouissement dura trois heures environ ; au bout de ce temps il fut progressivement ranimé par la fraîcheur quasi glaciale de l'atmosphère souterraine qui l'entourait.

Au moment où il reprit connaissance, il était étendu sur le dos, les bras écartés en forme de croix.

Il se souleva lentement, il s'appuya sur son coude en promenant autour de lui des regards qui ne rencontrèrent que les ténèbres opaques, et il se demanda :

— Où suis-je?...

Pour répondre à cette question, il dut interroger ses souvenirs, et la mémoire lui revint aussitôt.

Il se rappela les dernières paroles de Rodille : *Tu m'as manqué, gredin! Eh bien... moi, je ne te manquerai pas!*

Il se rappela non moins bien la détonation du coup de pistolet, suivie à l'instant même par son anéantissement foudroyant, et il en arriva à cette conclusion peu consolante :

— Il est sûr et certain que je suis mort et enterré !...

Une telle conviction était excessive et ne pouvait durer que quelques secondes. Vol-au-Vent réfléchit et se mit à sourire.

— Allons, allons, se dit-il, je deviens véritablement bête !... Quand on est mort, on ne peut plus éprouver aucune douleur... Or la tête me fait grand mal ! Quand on est enterré, on a son domicile dans une boîte de sapin qui vous tient les jambes raides et vous serre les coudes au corps... Or j'ai plus de place qu'il ne m'en faut pour agiter mes bras et mes jambes... Donc je suis vivant, très vivant, mais je n'en vaux sans doute guère mieux, puisque me voici dans un trou noir qui ne me semble point rassurant... Ça ne peut être qu'un mauvais tour de ce scélérat de père Legrip qui m'a conduit ici !... Ah ! le vieux gueux !... il peut compter, celui-là, que, si je m'en tire, je lui garderai un chien de ma chienne !

Tout en monologuant de cette façon, Vol-au-

Vent faisait de grands efforts pour se remettre sur ses jambes.

Il y parvint, mais non sans peine, car le sang qu'il venait de perdre l'avait considérablement affaibli. Une fois debout il marcha droit devant lui, avec lenteur et les mains étendues, afin d'essayer de se rendre compte des dimensions de sa prison.

A peine venait-il de compter dix pas qu'il se heurta contre un mur humide, recouvert d'un grossier crépissage.

— Je suis dans une cave, se dit Vol-au-Vent ; la nature du sol et celle des murailles ne me laissent pas le moindre doute à cet égard. Une cave, c'est moins verrouillé et moins surveillé qu'un cachot, et j'ai vu jouer à l'Ambigu et à la Gaîté des mélodrames superbes, dans lesquels on s'échappait, rien qu'à l'aide d'un clou, des souterrains de la Bastille creusés à plus de cent pieds sous terre, et gardés par des geôliers à grandes barbes avec des trousseaux de grosses clefs... Je déguerpirai d'ici, c'est certain, mais comment m'y prendre ?... Legrip peut avoir la fantaisie de descendre pour m'achever d'un instant à l'autre. Il ne faut pas perdre une minute !... Ah ! si seulement j'avais de la lumière !

Machinalement le bandit glissa ses deux mains sous sa blouse, dans ses vastes poches, et poussa aussitôt, ou plutôt comprima un cri de joie.

Il s'apercevait que Legrip avait commis l'imprudence capitale et impardonnable de ne pas le fouiller !...

Ses poches contenaient une foule de ces objets de première nécessité dans les expéditions nocturnes, objets dont MM. les voleurs ont l'habitude de se séparer le moins possible.

Il y avait entre autres choses, un briquet, une pierre à fusil, de l'amadou, des allumettes et un rouleau de cette mince bougie de cire jaune appelée vulgairement *queue-de-rat*.

En outre Vol-au-Vent trouva sous sa main, dans cette poche inépuisable, une des limes louées à Mouche-à-Miel par le cabaretier voisin de la porte Maillot.

Après s'être servi de cette lime pour entailler les barreaux du père Legrip, il l'avait remise machinalement dans sa poche, suivant les lois de l'instinct inné qui le poussait à s'emparer du bien d'autrui, quel qu'il fût.

On conviendra que de telles découvertes, en un pareil moment, justifiaient, et au delà, le cri de joie poussé par Vol-au-Vent.

Le jeune bandit s'empressa de battre le briquet et d'allumer sa petite bougie. Une clarté vacillante dissipa les ténèbres, et les marches de l'escalier apparurent dans la pénombre.

— Eh ! parbleu ! murmura le captif, je vais tout simplement m'en aller par cet escalier... Ça n'est pas plus difficile que ça... Le père Legrip a fait les choses mieux que je ne l'espérais !

Vol-au-Vent gravit aussitôt les marches, sans même réfléchir que, selon toute apparence, cet escalier si facile et si engageant allait le conduire dans le logis de l'homme dont il devait, par-dessus toute chose, éviter la rencontre.

Son ascension fut d'ailleurs bien vite arrêtée par la trappe qui fermait la partie supérieure.

Il essaya de soulever cette trappe, mais il éprouva une telle résistance qu'il comprit à l'instant même qu'elle résisterait à tous ses efforts.

Très attristé, très découragé surtout par ce résultat inattendu, il redescendit lentement et il se laissa tomber sur cette même marche qui devait, quelques heures plus tard, servir de siège à Rodille lui-même.

Là il sentit sa faiblesse physique augmenter dans de telles proportions qu'un évanouissement nouveau devenait imminent.

Cette pensée lui donna le frisson.

— Si je perds connaissance, se dit-il, je suis perdu, car Legrip reviendra.

Ses regards effarés recommencèrent à chercher une issue et, dans leur vol circulaire, rencontrèrent un amas de bouteilles noires et trapues, couvertes de toiles d'araignées et enterrées à demi sous le sable.

Ces bouteilles contenaient du vin sans doute, et ce vin pouvait lui rendre ses forces disparues.

Il alla prendre l'une de ces fioles d'aspect vénérable. Comme il manquait de tire-bouchon pour la déboucher, il en brisa le goulot, puis, après l'avoir approchée prudemment de ses narines pour se bien convaincre qu'elle renfermait une liqueur généreuse et non point quelque drogue suspecte et malfaisante, il appliqua le goulot décapité contre ses lèvres et il avala une ample gorgée de liquide.

— Sac à papier! murmura-t-il ensuite en reprenant haleine, quel velours sur l'estomac! Je m'abonne volontiers à n'en jamais boire que du pareil!... C'est tout au plus si je viens d'ingurgiter un verre ou deux, et je me sens frais et dispos au moins autant qu'avant l'accident.

Vol-au-Vent avait raison de vanter les qualités exceptionnelles du vin qu'il venait de découvrir et de déguster.

C'était tout simplement du madère authentique de l'année 1789, et chaque bouteille valait bien un louis.

Complètement réconforté par ce breuvage, qui produisait un effet d'autant plus rapide que la faiblesse du buveur était plus grande, Vol-au-Vent reprit dans la cave son voyage à la recherche d'une issue.

C'est alors qu'il aperçut, à dix ou douze pieds du sol, ce soupirail garni de barres de fer auquel Rodille n'avait jamais daigné accorder la moindre attention.

Le bandit imberbe, surexcité par le vin de Madère, ressemblait en ce moment au fameux *Guzman* qui ne connaissait pas d'obstacle.

— Je vais grimper là-haut, se dit-il, couper les barreaux et tirer ma révérence au vieil arabe. Sac à papier! quelle tête il va faire, le bonhomme Legrip, la première fois qu'il descendra dans sa cave et qu'il trouvera l'oiseau déniché! Je ne suis pas curieux, mais, foi de Vol-au-Vent! je me payerais bien une avant-scène pour voir çà!

Grimper là-haut! avait dit le jeune coquin. Oui, mais comment? S'élever sans le secours d'une échelle à la hauteur de la voûte, l'entreprise était malaisée. Beaucoup l'eussent déclarée impossible.

Vol-au-Vent, lui (le madère venant en aide au travail de son imagination), ne s'embarrassa point pour si peu.

Il se mit en devoir de rouler une barrique vide au-dessous du soupirail, il la dressa contre la muraille et grimpa dessus; mais elle ne suffisait point pour le mettre au niveau de l'ouverture libératrice. Il alla en chercher une seconde. Celle-ci était justement la futaille placée par Rodille sur l'orifice de la cachette qui renfermait son trésor.

Le jeune bandit se baissa pour coucher cette futaille et pour la rouler auprès de l'autre.

Sa main rencontra un anneau de fer qui sortait du sable, et cette découverte surexcita incontinent sa curiosité.

Il attira à lui l'anneau mystérieux, le couvercle de la cachette se souleva docilement, et les richesses entassées par Rodille apparurent aux regards éblouis de Vol-au-Vent, qui ne put en croire ses yeux tout d'abord, et mit en doute la réalité de cette vision splendide, digne de trouver sa place dans les contes des *Mille et une Nuits.*

Agenouillé sur le bord du trou, il lui fallut, pour se bien convaincre qu'il ne rêvait pas, plonger à vingt reprises ses mains dans ce prestigieux amas d'or et de bijoux... La certitude se fit enfin et le bandit, envahi par un soudain délire qui ressemblait beaucoup à de la folie, se mit à danser autour de l'excavation, en chantant d'une voix enrouée les refrains d'une ronde populaire qui s'entrechoquaient au fond de sa mémoire.

Cette crise de fièvreuse allégresse eut son terme; le sang-froid et la réflexion lui succédèrent.

Vol-au-Vent se dépouilla de sa blouse, il en fit une sorte de sac improvisé où il entassa pêle-mêle les joyaux et les pièces d'or. Cela représentait un poids énorme, mais, par bonheur, la blouse était neuve et solide, l'étoffe ne se creva point sous la pesanteur du fardeau.

Cette besogne achevée le bandit, avec une incompréhensible rapidité, superposa les deux barriques, se hissa jusqu'au sommet de l'entassement, coupa les barreaux de fer et s'élança avec sa proie dans le terrain vague qui s'étendait derrière la maison.

XV

Nous avons laissé Jean Vaubaron dans la situation la plus effroyable où puisse se trouver une créature humaine.

L'infortuné mécanicien, accusé d'un crime atroce, enlacé dans un réseau d'apparences mensongères contre lesquelles il se débattait vainement, venait d'apprendre, au fond de sa prison, la mort de sa femme et la disparition de sa fille.

L'annonce de ce double malheur avait brisé comme un coup de foudre le peu de force morale qui survivait à l'immense désastre dont il était victime.

Il avait senti que le courage lui faisait défaut, que la souffrance devenait trop lourde pour lui, que sa raison s'égarait.

Il avait demandé pardon à Dieu de ce qu'il allait faire ; il avait crié d'une voix défaillante : *Marthe, attends-moi !... Marthe ! me voici !...* et, malgré les efforts du jeune avocat qui cherchait à le retenir, il s'était élancé, la tête en avant, contre la muraille.

Le sang avait jailli, et le corps du malheureux s'était abattu sans connaissance sur le sol.

Pendant quelques secondes l'avocat resta muet, immobile, glacé d'effroi, auprès de ce corps dont la vie, — du moins il le croyait, — venait de se retirer violemment.

Bientôt la pitié remplaca chez lui la stupeur et l'épouvante.

Il se pencha vers le prétendu cadavre, il le souleva dans ses bras, il le porta sur le lit, et sa main tremblante interrogea le côté gauche de la poitrine pour y chercher les battements du cœur.

Il lui sembla que ce cœur ne battait plus et qu'il sentait la chair se glacer.

— Allons... balbutia-t-il, tout est consommé !... il est mort !... Que Dieu prenne en pitié le martyr, et qu'il le reçoive dans son sein !...

Puis, frappant à la porte, qui lui fut ouverte presque aussitôt, il fit prier le médecin de la Conciergerie de se rendre sans retard dans la cellule.

Le docteur ne se fit point attendre et, après avoir écouté le récit rapide de la tentative de suicide qui venait de s'accomplir, il examina avec attention le corps du mécanicien.

— Eh bien, docteur?... lui demanda l'avocat au bout d'un instant, d'une voix que son émotion et son anxiéte rendaient tremblante.

— Il est vivant encore... répondit le médecin.

— Ah! que Dieu soit béni!...

— Vous vous intéressez donc à cet homme?...

— Plus que je ne saurais vous le dire...

— C'est un grand coupable pourtant...

— Ce n'est pas un coupable, docteur, c'est une victime...

Le médecin sourit.

Ce médecin était un vieillard, homme de grand mérite et chargé depuis plus de trente ans du service des prisons de Paris.

L'expérience l'avait rendu sceptique.

— Vous êtes jeune encore, répliqua-t-il, vous êtes très jeune, heureusement pour vous; la nature et l'humanité vous apparaissent à travers le prisme de votre généreux enthousiasme et vous voyez des victimes dans tous les criminels qui vous affirment qu'on les accuse injustement...

— Mais, docteur... interrompit l'avocat.

— Oh! je suis bien loin de vous blâmer, poursuivit le médecin sans l'écouter, et je vous admire, au contraire, de tout mon cœur... Hélas! vous n'en arriverez que trop vite à voir les choses froidement, comme je les vois moi-même !... Gardez donc vos belles illusions, gardez-les le plus longtemps que vous pourrez... Mais enfin, pour en revenir à notre honnête scélérat, je vous répète qu'il n'est pas mort... je dois ajouter qu'il n'en vaut, à la vérité, guère mieux.

— Comment?...

— La blessure du crâne est grave, très grave...

— Mortelle, peut-être?...

— Pas absolument, quoiqu'il faille bien peu de chose pour l'envenimer... mais si le malade ne succombe point à cette lésion terrible, il n'a guère de chances de résister à la fièvre cérébrale qui va se déclarer très certainement, et qui sera d'autant plus redoutable que l'ébranlement du cerveau aura été plus grand.

— De telle sorte, docteur, que vous condamnez cet infortuné?...

— Pas tout à fait, mais j'ai peu d'espoir... ou plutôt je n'en ai pas...

— Vous ne comptez point cependant, je suppose, l'abandonner aux seules ressources de la nature?...

— Non, certes... mon devoir de médecin me le défend...

— Qu'allez-vous faire?

— Le saigner d'abord, afin d'amoindrir, si je le peux, les premières violences de la congestion.

— Et ensuite ?...

— Je ne le sais pas encore... c'est l'état futur du malade qui m'indiquera la marche à suivre pour un traitement rationnel...

Une saignée immédiate et abondante fut donc pratiquée, en présence du jeune avocat et du directeur de la Conciergerie, prévenu de ce qui se passait.

Le résultat de cette saignée ne se fit point attendre.

A peine la lancette eût-elle piqué la veine, à peine le sang se fut-il mis à couler goutte à goutte, que Jean Vaubaron fit un léger mouvement.

Bientôt le sang jaillit plus vite, puis avec une extrême abondance.

La poitrine du mécanicien se gonfla ; un long soupir s'exhala de ses lèvres ; ses paupières se soulevèrent et découvrirent à demi ses prunelles, horriblement contractées.

L'avocat se pencha vers Vaubaron.

— Mon ami, lui demanda-t-il, en approchant ses lèvres de son oreille et en lui parlant avec une douceur tendre et pénétrante, mon ami, vous sentez-vous mieux ?...

Vaubaron ne répondit pas.

Aucun des muscles de son visage ne tressaillit.

Évidemment il n'avait point entendu.

— Il est inutile d'adresser la parole à cet homme,

dit alors le vieux docteur. Une statue de marbre serait tout aussi capable que lui de vous écouter et de vous comprendre... Une sorte de catalepsie, résultat naturel du choc violent qu'il a reçu, paralyse momentanément ses sens et son intelligence... On peut lui appliquer en toute vérité et dans leur acception la plus littérale ces paroles de l'Écriture : *Il a des yeux pour ne point voir et des oreilles pour ne point entendre...*

— Mais, du moins, reprit l'avocat en s'adressant au médecin, il n'éprouve aucune douleur ?...

— Aucune. Il est vivant, mais sans avoir conscience de sa vie, ni au physique ni au moral.

— Et cet étrange état se prolongera longtemps ?...

— Je n'en sais absolument rien... tout ce qu'il m'est possible de vous dire, c'est que la mort arrivera peut-être avant qu'il ait cessé... Or, si cette dernière hypothèse se réalisait, permettez-moi d'avoir la conviction formelle que ce serait la chose du monde la plus heureuse pour votre client... Vous avez du talent, mon cher avocat, beaucoup de talent, je le sais, mais il n'est pas de parole humaine qui possède la propriété de faire des miracles et de démontrer à MM. les membres du jury que ce qui est noir est d'une éclatante blancheur... Je connais les détails du double crime de la rue du Pas-de-la-Mule... Jamais assassinat ne fut mieux prouvé... L'affaire de cet homme est claire et limpide comme de l'eau de roche... Sa tête est marquée pour l'échafaud, et ce serait un malheur, un très grand malheur si cette destination lui manquait... Mieux, cent fois, vaudrait donc pour lui expirer paisiblement sur ce lit où le voilà, que de monter, dans quelques semaines, l'escalier de la guillotine... Vous n'êtes point de mon avis, ça se comprend, mais ça ne me prouve pas que j'aie tort... Nous avons deux manières de voir diamétralement opposées, et c'est moi seul, croyez-le bien, qui suis en ce moment dans le vrai...

Le docteur se tut, et se frotta les mains d'un air triomphant, comme un homme enchanté de la logique de son esprit et de l'éloquente facilité de sa parole.

Le jeune avocat garda le silence.

Une ride profonde se creusait entre ses deux sourcils et, tandis que le médecin lui parlait, sa pâleur naturelle augmentait encore.

— Hélas! se disait-il à lui-même, elle est trop lourde pour mes épaules, cette tâche si noble, si grande et si sainte que je me suis cru la force d'accepter... Les convictions sont formées à l'avance et demeurent inébranlables... J'essayerai vainement de dissiper les ténèbres épaisses derrière lesquelles la vérité se cache... Je n'y parviendrai point... le mensonge prévaudra... l'innocent sera condamné !... Ah! si ce crime doit s'accomplir, si cet effroyable malheur est inévitable, mieux vaut, en effet, mille fois, que Jean Vaubaron s'éteigne ici, sans souffrance, dans le sommeil de sa pensée, que de se ranimer pour de nouvelles tortures plus cruelles, plus infâmes que les tortures déjà subies...

L'avocat s'approcha du lit.

Il prit dans ses deux mains la main inerte et glacée du mécanicien et il la serra.

Puis, sentant son cœur défaillir, comprenant que s'il voulait prononcer une parole, s'il lui fallait répondre un seul mot à quelque banale question formulée par l'un des spectateurs de cette scène, sa voix s'étranglerait dans sa gorge, et son émotion, contenue jusqu'alors, déborderait, il sortit de la cellule en appuyant son mouchoir sur son visage pour cacher les grosses larmes qui s'échappaient de ses paupières et qui coulaient une à une sur ses joues.

Le vieux médecin se tourna vers le directeur de la Conciergerie et lui dit en montrant, d'un air railleur, la porte par laquelle l'avocat venait de sortir :

— Quelle belle chose que la jeunesse avec son cortège d'illusions !... Voilà, certes, un garçon d'un grand esprit et d'un grand talent, et ni son esprit ni son talent ne l'empêcheront de croire, comme le premier imbécile venu, à l'innocence persécutée d'un abominable scélérat... C'est curieux, sur ma foi !... c'est très curieux !... Qu'en dites-vous, mon cher directeur ?...

Le directeur déclara, sans hésiter, qu'il partageait cette manière de voir.

Le médecin était un sceptique, mais, nous le répétons, il possédait une vaste expérience et un incontestable mérite.

Tout ce qu'il avait prévu et prédit, relativement à l'état physique de Jean Vaubaron, se réalisa de point en point.

Au bout de moins d'une heure la fièvre se déclara, et cette fièvre fut accompagnée presque aussitôt du plus violent délire.

Nous ne pouvons entrer ici dans des détails arides et techniques touchant les diverses périodes de la maladie du mécanicien.

Il nous suffira d'apprendre à nos lecteurs que pendant quatorze jours l'infortuné se débattit entre la vie et la mort, beaucoup plus près de la mort que de la vie.

Chaque matin et chaque soir le docteur venait faire sa visite et constatait quelque nouveau progrès du mal.

Enfin, le quinzième jour, ces mots, qui équivalaient à un arrêt de mort, tombèrent des lèvres du médecin :

— A moins d'un miracle, cet homme est perdu... Avant deux heures il ne restera qu'à lui jeter le drap sur la figure.

XVI

En sa qualité de disciple et d'émule de Broussais, par conséquent de matérialiste renforcé, le docteur ne croyait guère aux miracles et jugeait que tout était dit quand la science avait prononcé.

Le miracle inattendu et inespéré vint, cependant, déjouer ses prévisions.

Lorsqu'il rentra dans la cellule, le soir de ce même jour, au lieu de trouver Vaubaron mort il dut, à son grand étonnement, constater un mieux sensible.

— Ah! sacrebleu!... murmura-t-il avec un dépit involontaire, il n'y a que de tels scélérats pour avoir l'âme ainsi chevillée dans le corps!... Un honnête homme ne s'en serait point tiré!...

Le mieux qui venait de se manifester d'une façon si soudaine et si surprenante fit de rapides progrès.

Au bout d'une semaine, Vaubaron entrait en pleine convalescence ; au bout d'un mois, ses forces étaient assez complètement revenues pour qu'il fût possible à la chambre des mises en accusation de classer son affaire parmi celles qui devaient se juger à la prochaine cession des assises.

Le mécanicien, en apprenant cette nouvelle si importante pour lui, ne manifesta, nous pourrions presque dire, ne ressentit aucune émotion.

Ses souffrances morales avaient été si grandes, sa situation lui semblait à lui-même tellement désespérée que rien, désormais, ne pouvait lui causer d'effroi. Il s'abandonnait aux caprices du hasard aveugle et malfaisant, avec la complète impassibilité d'une épave que ballottent les flots.

Le jeune avocat ne laissait pas s'écouler un jour sans venir visiter le prisonnier et sans lui prodiguer des consolations et des encouragements inutiles.

Vaubaron l'accueillait de son mieux, mais ces entrevues quotidiennes ne lui procuraient aucun soulagement.

Il aurait préféré de beaucoup que personne ne vînt troubler sa morne solitude.

Son âme brisée n'avait plus de force et d'énergie, même pour la reconnaissance.

L'avocat ne se dissimulait point l'inanité de ses efforts, et cependant il ne se rebutait pas, car une profonde et une invincible sympathie l'attirait vers le malheureux dont lui seul au monde, peut-être, savait comprendre les tortures morales et l'épouvantable anéantissement.

A mesure que se succédaient les journées, la prostration du mécanicien augmentait.

La veille du jour du jugement, l'avocat le trouva plongé dans une sorte de torpeur si profonde qu'il ne leva même pas la tête au moment où s'ouvrit la porte du cachot.

L'avocat lui prit la main.

Vaubaron fit un mouvement léger, il attacha sur le visiteur un regard vague et sans expression, il le reconnut et il essaya de lui sourire, mais ses lèvres, depuis longtemps, ne savaient plus comment on souriait.

— Mon ami, lui dit le jeune homme, c'est demain le grand jour...

Vaubaron sembla fouiller au fond de sa mémoire pour y trouver un souvenir effacé.

— Ah! oui... murmura-t-il enfin, d'une voix basse et sans inflexion, dont les notes calmes et douces contrastaient avec l'amertume de la pensée qu'elles exprimaient, c'est demain que la justice humaine achève son œuvre en me condamnant...

— Pourquoi nourrir ces idées lugubres, mon ami?... reprit l'avocat, pourquoi ne point admettre un dénoûment heureux à l'effroyable drame dont vous êtes le héros et la victime?...

Au lieu de répondre à cette question, Vaubaron renoua le fil de sa pensée et poursuivit ainsi :

— Demain l'on me condamnera, et comme je suis un assassin, comme j'ai tué lâchement un vieillard et une femme, c'est la peine de mort qui sera prononcée contre moi... On a, je crois, trois jours pour se pourvoir en cassation, mais je ne songe point à me pourvoir... J'en ai assez... j'en ai trop... je veux en finir tout de suite... Vous, monsieur, vous si bon pour moi, vous qui me témoignez tant de pitié, apprenez-moi donc combien de jours me séparent encore de l'heure où ma tête tombera sur l'échafaud, de l'heure où je cesserai de souffrir?...

— Mon ami, je vous en supplie, s'écria le jeune avocat, ne parlez point ainsi...

— Je dis ce que je pense...

— Eh! bien, de telles pensées sont coupables...

— Est-il en mon pouvoir d'en changer le cours?

— Vous le pouvez et vous le devez... Pourquoi chassez-vous l'espérance?...

— Eh! grand Dieu, que puis-je espérer?...

— La lumière... la justice... la liberté...

Jean Vaubaron laissa tomber sa tête sur sa poitrine, tandis que ses épaules se haussaient légèrement, peut-être à son insu.

— La lumière! murmura-t-il. Oh! monsieur, vous savez bien que les ténèbres sont trop profondes pour que rien les dissipe.

— Dieu est tout-puissant!...

— Oui... mais Dieu m'abandonne...

— Comment le savez-vous?...

Les yeux du mécanicien s'animèrent, et ses lèvres eurent un rire insensé.

— Comment je le sais?... répéta-t-il, vous me demandez comment je le sais? Trouvez-vous donc que les preuves de cet abandon me manquent?... Ces preuves... ces preuves fatales, faut-il les remettre sous vos yeux?... Ah! vous ne l'ignorez pas plus que moi, je suis abandonné et je suis maudit!...

— Souvenez-vous qu'il y a quelques jours à peine vous vous jetiez dans les bras de la mort, et que la mort n'a pas voulu de vous... répliqua l'avocat. Dieu, j'en ai la conviction la plus ferme, ne sauvait point ainsi votre vie pour la jeter aux mains du bourreau... Jean Vaubaron, je vous le répète : Espérez!...

— A quoi bon!... Si la lumière se faisait, comme vous le dites, monsieur, si la vie m'était laissée...

si la liberté m'était rendue, qu'en ferais-je?... Ma femme est morte, ma fille est perdue... Qu'ai-je à attendre d'heureux ici-bas, désormais?... Non... non... j'aime mieux mourir tout de suite et, puisque le suicide est défendu par la loi divine, mes juges, en me condamnant, m'épargneront un crime...

— Jean Vaubaron, répliqua le jeune homme d'une voix ferme, ce que vous venez de dire n'est ni d'un honnête homme, ni d'un bon père...

— Ah! vous trouvez... balbutia le mécanicien en baissant les yeux. J'étais un honnête homme, cependant, et j'étais un bon père... et pour ma Blanche, pour ma fille chérie, pour ma pauvre petite enfant, j'aurais donné sans hésiter tout mon sang goutte à goutte...

— Eh bien, votre fille est perdue, mais sans doute elle existe... un devoir sacré vous condamne à vivre... Il vous faut chercher Blanche, la retrouver et veiller sur elle...

Un gémissement sourd s'échappa de la gorge de Jean Vaubaron, et ses ongles crispés déchirèrent sa poitrine.

— Tout cela, je le sais, balbutia-t-il, je ne le sais que trop, mon Dieu!... Ne voyez-vous donc pas, n'avez-vous donc pas compris que cette pensée horrible, incessante, qui me déchire, qui me dévore, qui me tue, c'est la pensée de mon enfant vivante et perdue, de mon enfant, de ma petite Blanche adorée, errant au hasard dans ce Paris infâme qui, de l'ange au cœur pur, fera peut-être une misérable créature... une voleuse... une prostituée!... C'est à cause de cela, monsieur, que je vous semble depuis longtemps abruti dans mon désespoir... C'est à cause de cela que, ne pouvant redevenir libre pour retrouver mon enfant, je veux du moins mourir vite, afin de veiller sur elle du haut du ciel, où sa mère m'attend...

Tandis qu'il disait ce qui précède, Jean Vaubaron s'était en quelque sorte transfiguré.

Il avait parlé d'abord d'une voix sourde et presque indistincte, puis, peu à peu, à mesure que les paroles s'échappaient comme un jet de sang amer de son cœur ulcéré, sa voix s'élevait et devenait sonore et vibrante, ses regards lançaient des éclairs, sa taille voûtée se redressait, et de vives rougeurs empourpraient pour un instant ses joues livides.

Il élevait vers le ciel ses deux mains tremblantes, comme pour le prendre à témoin de la grandeur et de la légitimité de son désespoir, et pour l'adjurer en même temps de lui venir en aide.

Cette crise soudaine d'exaltation et d'énergie fut, d'ailleurs, de courte durée.

Jean Vaubaron laissa retomber sa tête sur sa poitrine haletante, puis, plongeant ses mains dans sa chevelure éclaircie par ses récentes angoisses, il éclata en sanglots et des larmes abondantes inondèrent son visage.

Les larmes soulagent; elles dégonflent un cœur trop rempli.

Le jeune avocat respecta religieusement le silence du mécanicien, tandis que ruisselaient sur ses joues des torrents de pleurs salutaires.

Au bout de quelques minutes, Jean Vaubaron fit sur lui un violent effort.

Il essuya ses yeux, il tourna vers l'avocat ses regards humides et, lui tendant les mains avec une expression d'ardente et d'immense reconnaissance, il lui dit :

— Je vous remercie, monsieur... je vous remercie du plus profond de mon âme!... Vous m'avez rappelé mon devoir que je m'efforçais lâchement d'oublier!... Je ne veux plus mourir, maintenant, puisque ma fille a besoin que je vive... Je souffrirai, sans une plainte et sans un murmure, toutes les tortures que l'avenir me réserve!... Je puiserai du courage dans la pensée du but qu'il me faut atteindre et auquel mon existence est attachée désormais... Cette existence est entre vos mains!... Ne me laissez pas condamner!... Au nom du ciel, monsieur, au nom de ma fille abandonnée, sauvez-moi!... sauvez-moi!...

L'émotion du mécanicien grandissait.

— Sauvez-moi!... répétait-il en couvrant de

larmes et en pressant contre son cœur les mains de son défenseur ; au nom du Dieu vivant, sauvez-moi !...

Le jeune avocat, profondément ému et troublé lui-même, répondit d'une voix altérée :

— Mon ami, tout ce qu'un homme peut faire pour sauver son frère, je le ferai pour vous... mais il faut que vous me veniez en aide dans cette tâche.

— Et comment?... de quelle manière?... Que peut faire un pauvre malheureux accusé comme moi?...

— Votre attitude en face du jury sera mon plus utile auxiliaire, car elle viendra confirmer et fortifier mes paroles... Armez-vous donc, pour l'heure suprême du jugement, d'un courage surhumain... Ne vous laissez ni démoraliser, ni écraser, ni anéantir par l'artillerie des arguments et des preuves décevantes que fera tonner contre vous le ministère public... ne permettez pas non plus à la colère de bouillonner dans votre sang et de vous entraîner à quelque imprudente réponse, lorsque les accusations monstrueuses qui vous poursuivent viendront vous frapper au cœur...

— Hélas !... ne me demandez-vous pas l'impossible !... Pourrai-je rester calme quand je m'entendrai hautement, publiquement, flétrir des épithètes infâmes de voleur et d'assassin?...

— Ce sera bien difficile et bien cruel, je le sais; mais pourtant il le faut!... La majesté de l'innocence empreinte sur vos traits, le calme de l'honnête homme injustement et fatalement soupçonné, feront naître le doute dans les esprits prévenus et ramèneront à vous l'opinion, qui vous est hostile à cette heure, et que vous aliéneraient plus complètement encore l'abattement ou la colère... Ma parole fera le reste, si Dieu daigne me donner demain la force et l'éloquence que je lui demande à genoux...

— Ainsi, balbutia Vaubaron, ainsi, monsieur, vous me sauverez peut-être?... vous me rendrez la vie et l'honneur?...

— Il n'y a qu'un instant, lorsque vous regrettiez d'être vivant encore, ne vous ai-je pas dit: *Espérez!...*

— Ah! monsieur, faites ce prodige!... s'écria le mécanicien. Que, grâce à vous, mon innocence éclate au grand jour... que la liberté me soit rendue... qu'il me soit permis d'aller m'agenouiller sur la tombe de ma pauvre femme bien-aimée... de chercher et de retrouver mon enfant chérie, et je vous jure, monsieur, je vous jure sur ma femme morte et sur mon enfant disparue, que l'heure la plus belle de ma vie sera celle où il me sera donné de mourir pour vous!...

L'avocat, sans répondre, pressa la main de l'accusé.

Il avait la conviction, disons mieux, il avait la certitude que cette promesse d'aveugle dévouement exprimait la pensée intime et profonde de celui qu'il devait défendre et qu'il espérait sauver.

L'entretien, un instant interrompu, se renoua en ces termes :

— Monsieur, demanda Vaubaron, demain les juges m'interrogeront, n'est-ce pas?...

— Non pas les juges, mais le président de la cour d'assises, qui vous adressera des questions.

— Que faudra-t-il répondre?...

— La vérité, toute la vérité, rien que la vérité...

— Vous n'ignorez pas, cependant, que cette vérité semble écrasante pour moi...

— Je ne m'en souviens que trop, et néanmoins je vous indique la voie droite comme la seule que vous deviez suivre... Un mensonge inutile vous perdrait plus infailliblement que la vérité, si accablante qu'elle paraisse... Nous marchons à tâtons dans d'épaisses ténèbres, et la lumière ne peut jaillir que de la droiture la plus absolue...

— Dieu veuille que ces ténèbres se dissipent, et que cette lumière se fasse! murmura Vaubaron.

L'entrevue du prisonnier et de son défenseur se prolongea pendant plus d'une heure encore et, quand l'avocat sortit de la cellule, il laissa le mécanicien relativement calme, moins anéanti, moins plongé dans les abîmes d'un incurable désespoir.

Malgré les épouvantables préoccupations qui le dévoraient et qui faisaient de son crâne une fournaise ardente, Vaubaron, bien faible encore, et d'ailleurs épuisé de fatigue, put goûter pendant la nuit suivante quelques minutes d'un sommeil fiévreux et souvent interrompu, mais néanmoins précieux et réparateur après de longues insomnies.

L'avocat, lui, ne ferma pas l'œil et ne se jeta même point sur son lit.

L'immensité de sa tâche, la grandeur de la responsabilité qui pesait sur lui, évoquaient dans son âme généreuse des angoisses presque aussi cuisantes que celles de son client.

— Quelle situation ! se répétait-il sans cesse. Je tiens dans mes mains la vie, l'honneur, la liberté d'un homme, d'un homme coupable pour tous, mais dont l'innocence m'est démontrée aussi clairement que la lumière du soleil. Comment faire partager ma conviction, ma certitude, à ceux qui vont prononcer un arrêt sans appel ? Comment leur démontrer qu'aujourd'hui, pour juger sainement, ils doivent imposer silence à leur raison ? Comment les contraindre à admettre que les faits matériels les abusent, que l'évidence est mensongère et que c'est moi seul qu'ils doivent croire ?

Il se disait ces choses à lui-même, en parcourant

d'un pas rapide et saccadé son cabinet de travail.

Il s'efforçait de préparer son discours du lendemain; mais, pour la première fois depuis qu'il portait cette toge d'avocat à laquelle il devait donner bien vite un si grand éclat, la parole indocile trahissait sa pensée; la phrase rebelle ne se présentait point incisive, rapide, lumineuse, pour exprimer les sensations, les sentiments, les certitudes, qui bouillonnaient et qui débordaient en lui.

Il dut renoncer, de guerre lasse, à ce travail opiniâtre et sans résultat.

— Les circonstances m'inspireront! se dit-il enfin. Ce n'est point à l'esprit de mes auditeurs que je veux faire appel, c'est à leur âme!... La logique doit céder la place au sentiment!... L'improvisation ardente me servira mieux que l'étude froide et réfléchie!...

C'est dans de tels combats, c'est dans ces anxiétés dévorantes, que le jeune avocat passa le reste de la nuit.

Jean Vaubaron n'était pour lui qu'un étranger, mais cet étranger, victime et martyr du mauvais sort, lui inspirait une telle sympathie, qu'aucun sacrifice ne lui aurait semblé trop grand si, au prix de ce sacrifice, il avait eu la certitude de sauver l'innocent.

Mais hélas! cette certitude lui manquait, et de

profondes défaillances, de sombres découragements s'emparaient de lui et grandissaient à mesure que passaient les heures.

Enfin le jour parut.

— Les premières clartés de l'aube naissante firent pâlir la lumière de la lampe placée sur le bureau.

— Allons, murmura le jeune homme en voyant ces douteuses lueurs, allons, c'est aujourd'hui! Dans quelques heures je serai l'instrument glorieux d'une éclatante justice, ou mon impuissante parole n'aura pas eu la force d'empêcher l'accomplissement d'une grande iniquité!

Les yeux du jeune homme rencontrèrent en ce moment la glace en face de laquelle il se tenait debout, et qui lui renvoyait son image.

Il tressaillit à l'aspect de la pâleur et de la décomposition de ses traits.

Cette pâleur lui sembla un présage funeste.

— J'ai l'air d'un vaincu! se dit-il. Oh! pourquoi donc n'ai-je point reculé, quand il en était temps encore, devant le fardeau trop lourd dont le poids m'écrase aujourd'hui? Un plus habile, un plus vaillant aurait sauvé Vaubaron peut-être... Moi, faible et présomptueux, ne vais-je pas l'entraîner dans ma chute?

La maladie quasi mortelle du mécanicien avait

reculé de plusieurs semaines le moment de sa comparution en cour d'assises.

Le double assassinat de la rue du Pas-de-la-Mule surexcitait au plus haut point la curiosité du public parisien.

Dans les salons, dans les mansardes, dans les ateliers et dans les cabarets, partout enfin, depuis les plus riches hôtels jusqu'aux halles, il n'était question que du double crime commis avec des circonstances si étranges par un homme dont le passé semblait irréprochable, et qui cependant avait fait preuve de la scélératesse la plus raffinée et du sang-froid le plus inouï.

La grande Ville attendait avec une ardente impatience les révélations mystérieuses, les éclaircissements bizarres qui, sans aucun doute, jailliraient des débats.

On n'ignorait point que l'accusé se renfermait dans un système de dénégation absolue.

S'obstinerait-il, devant le jury, dans ces mensonges absurdes et inadmissibles, en face des preuves innombrables et matérielles de sa culpabilité ?

La puissante voix du ministère public forcerait-elle, au contraire, ce cœur de bronze à s'ouvrir au remords ?

Jean Vaubaron, jetant enfin le masque inutile qui ne pouvait abuser personne, entrerait-il franchement dans la voix des aveux complets?

Telles étaient les questions que chacun adressait à tout le monde, sans obtenir de réponse satisfaisante, et que les journaux ne manquaient point de reproduire quotidiennement, sous les formes les plus variées, avec force accompagnement de suppositions et de commentaires.

Mais voici qu'au moment où la curiosité publique espérait une prompte et complète satisfaction, le bruit se répandit dans le public que l'accusé, après une tentative de suicide, venait de tomber dangereusement malade.

Bientôt on ajouta que son état était désespéré et que les médecins le condamnaient.

Ce fut alors une immense déception et une désolation générale.

Le meurtrier, échappant à la justice humaine pour aller rendre ses comptes à celle de Dieu, emporterait avec lui dans la tombe tous les secrets dont la révélation était si ardemment convoitée.

Un tel dénouement, nos lecteurs doivent le comprendre sans peine, ne faisait en aucune façon l'affaire du public.

Aussi, chaque jour, les feuilles politiques publiaient un bulletin relatif à l'état de Jean Vaubaron, ni plus ni moins que s'il eût été question de la santé précieuse de quelque très haut et très puissant personnage.

Nous savons déjà qu'un mieux subit, tout à fait

imprévu et suivi d'une rapide convalescence, vint stupéfier le médecin de la Conciergerie et dissiper les inquiétudes de la foule.

Mais ces alternatives de crainte et d'espérance avaient quintuplé, décuplé, centuplé la curiosité générale.

Le procès de Jean Vaubaron prenait maintenant les proportions d'un événement de premier ordre, et les procès politiques eux-mêmes n'avaient pas le privilège de passionner à un plus haut point l'opinion publique.

XVII

D'innombrables demandes de billets, signées des noms les plus illustres du monde aristocratique, du monde politique et du monde littéraire, arrivaient chaque jour au président de la cour d'assises.

S'il eût été possible de faire droit à toutes ces requêtes, le palais de justice entier aurait été insuffisant pour contenir la foule.

Mais, dans le royaume de la justice comme dans le royaume des cieux, il y a toujours eu et il y aura toujours beaucoup d'appelés et peu d'élus.

Les privilégiés, parmi lesquels les dames étaient en majorité, envahirent dès la première heure l'enceinte réservée, et l'on vit des hommes marquants, parmi lesquels se trouvait un poète célèbre, revêtir la robe noire et la toque classique, qu'ils n'avaient nullement le droit de porter, et, grâce à ce déguisement et à de hautes protections, venir prendre place au banc des avocats.

Une masse compacte de populaire, ne nourrissant aucun espoir de trouver place dans la salle des assises, mais aiguillonnée par le désir de connaître sans retard l'issue du procès, encombrait l'immense salle des pas perdus et la vaste galerie qui conduit à la cour de Harlay.

Cette masse compacte rendait la circulation sinon tout à fait impossible, du moins difficile, et, pour la dissiper, il eût été nécessaire d'avoir recours à des moyens violents.

Ces groupes nombreux et agités stationnaient sur la place du Palais-de-Justice, dans les rues de la Barillerie et dans tous les alentours de la Sainte-Chapelle.

Il suffisait de traverser ces groupes pour se faire une idée exacte de l'état des esprits et de la conviction profonde et inébranlable de tout ce monde.

Personne n'admettait même un doute sur la culpabilité du prévenu.

Pas une voix ne s'élevait en faveur du malheureux Vaubaron.

Nul ne se souvenait, dans cette immense cohue, que l'innocence doit être admise au moins comme possible jusqu'à l'heure où la justice humaine a prononcé.

Chacun se disait que le jugement était rendu d'avance.

Ce jury improvisé, composé de dix mille membres peut-être, aurait prononcé à l'unanimité la peine de mort, sans croire nécessaire d'entendre l'acte d'accusation, ni le réquisitoire du procureur du roi, ni l'avocat, ni l'accusé lui-même.

Les passions populaires procèdent ainsi ; elles sont tout d'une pièce et n'admettent ni réflexion, ni retard.

Au sein de cette multitude, il y avait assurément de nombreux gredins, des misérables capables de tout.

Ceux-là n'étaient ni les moins exaltés, ni les moins éloquents, ni les moins acharnés contre Jean Vaubaron.

On entendait dans les groupes retentir ces paroles :

— Surtout point de pitié !

— Point de faiblesse !

— Point de circonstances atténuantes !

— Ce monstre a mérité cent fois la mort !

— Ce qu'il nous faut, c'est une condamnation capitale !

— Nous voulons regarder l'infâme montant sur l'échafaud !

— Nous voulons voir tomber la tête du meurtrier !

— Si les juges lui faisaient grâce, ils seraient

ses complices !... ils ne vaudraient pas mieux que lui !...

— Il faudrait alors faire justice nous-mêmes...

— Il faudrait appliquer la peine du talion : *Qui a tué doit mourir !...*

— Nous mettrions le feu au Palais de justice !

— Nous forcerions les portes de la Conciergerie et nous anéantirions l'assassin !...

Certes, si dans ce moment Jean Vaubaron avait, même sous bonne escorte, traversé cette foule frémissante, on aurait vu se renouveler en plein Paris moderne les hideuses scènes de sauvagerie du moyen âge, au temps des Bourguignons, des Armagnacs ou de la Jacquerie, ou les drames effroyables et bien plus récents des massacres du Midi...

La multitude, par un amour éclairé et bien entendu de la justice, aurait mis en pièces le mécanicien, et sans doute les gendarmes.

Parmi les groupes, disant partout un mot incendiaire, réclamant l'échafaud plus haut que personne et mettant le feu aux poudres de la publique effervescence, passait et repassait un homme d'un certain âge, bien vêtu, portant de gros favoris grisonnants et offrant, dans son costume et ses allures, l'apparence d'un bon bourgeois, d'un honnête commerçant de la rue des Bourdonnais.

Cet homme était Rodille.

Jean Vaubaron, nous l'avons dit, goûta quelques heures de sommeil, comme un soldat qui dort à la veille d'une bataille où peut-être il laissera sa vie.

Le moment du réveil fut terrible.

Le jour était venu, une lueur faible et grisâtre tombait dans la cellule par l'ouverture étroite et grillée.

— Allons, se dit le mécanicien, dans quelques heures tout sera consommé..., je serai libre ou je serait condamné à mort...

— Condamné à mort!... répéta-t-il, et pourtant je suis innocent!... Il me faudra monter sur l'échafaud infâme, au milieu des cris de haine et d'horreur, et pourtant je suis innocent!... Le couperet de la guillotine tranchera ma tête... et pourtant je suis innocent!... Ma mémoire sera maudite!... Mon nom exécré prendra sa place dans les fastes du crime... et pourtant je suis innocent!.. Ma fille chérie, ma Blanche adorée, restera seule au monde, orpheline d'un assassin..., et pourtant je suis innocent!... Mon Dieu... Seigneur, mon Dieu... Dieu tout-puissant, Dieu juste et bon, prenez pitié de moi, protégez-moi... sauvez-moi!...

Tandis que Jean Vaubaron murmurait d'une voix étouffée les paroles qui précèdent, une violente agitation nerveuse s'emparait de lui, et son corps se prenait à trembler comme tremble celui des fiévreux de la campagne de Rome.

— Je ne puis comparaître ainsi devant ceux qui vont me juger! se dit-il avec épouvante; on croirait que c'est le remords qui m'anéantit à ce point; on croirait que j'ai peur! A tout prix il faut que je triomphe de moi-même..., il faut que je sois calme... Il le faut!

Jean Vaubaron se jeta à-bas de son lit et, tombant à genoux, il adressa au Ciel la plus fervente prière qui jamais, dans un moment suprême, ait jailli d'un cœur déchiré.

A peine avait-il achevé cette prière que le frisson qui secouait ses membres fit trêve comme par enchantement, et qu'il sentit une tranquillité relative remplacer la violente agitation qui le dominait.

— Allons, se dit-il avec un profond élan de foi et d'espérance, c'est bon signe, et je comprends à ce qui se passe que Dieu ne m'abandonne pas tout à fait.

Il se releva en entendant ouvrir la porte de sa cellule.

Un guichetier et un surveillant entrèrent.

Le surveillant lui apportait l'ordre de se tenir prêt, et le guichetier plaçait sur la petite table de bois blanc le repas destiné au prisonnier.

— Remportez cela, lui dit Vaubaron.

— Ne voulez-vous donc point manger ce matin?

— Non.

— Pourquoi?

— Je n'ai pas faim...

— Bien..., bien..., répliqua le guichetier. Tous les prévenus qui vont passer en cour d'assises pour la première fois en disent autant, et ça se comprend... L'émotion leur bouleverse l'estomac... Ils se figurent qu'ils ont le gosier rétréci et qu'ils ne pourraient rien avaler... Moi, je leur réponds : *Ne faites pas la petite bouche, mes gaillards, et mangez tout de même...* S'ils m'écoutent, ils s'en trouvent bien..., s'ils ne m'écoutent pas, ils ne tardent pas à s'en mordre les pouces, car ils ne peuvent plus se soutenir sitôt qu'ils sont sur la sellette, ce qui leur fait faire piteuse mine. Vous n'avez point d'appétit, c'est entendu, mais ça n'y fait rien, mangez tout de même... Vous aurez besoin de toutes vos forces aujourd'hui, car vous allez passer un vilain quart d'heure.

— Je vous remercie du conseil, répondit le mécanicien; il me semble bon, et je vais le suivre...

— A la bonne heure! Voilà ce que j'appelle un homme raisonnable... Forcez-vous, forcez-vous... vous vous en trouverez bien.

Le surveillant était sorti de la cellule.

Le guichetier s'approcha de Vaubaron et, se penchant vers lui, il lui dit à demi-voix, d'un air mystérieux et d'un ton confidentiel :

— J'ai bon cœur, comme vous allez voir, et je prendrai volontiers sur moi de vous apporter en cachette un grand verre d'eau-de-vie, si toutefois vous avez de l'argent pour payer... C'est ça qui est fameux pour donner de l'aplomb et du *bagou* à un accusé, pour l'aider à faire de belles réponses à M. le président. Un homme n'est vraiment plus reconnaissable quand il a goûté de mon vieux cognac. Allons, dites un mot, et je vais vous chercher le liquide.

— Ce mot, je ne puis le dire, murmura Vaubaron.

— Ah bah ! et qui vous en empêche?

— La meilleure de toutes les raisons : je n'ai pas d'argent pour vous payer.

— Allons donc!

— C'est la vérité.

— Vous avez toujours bien dix sous?

— Ni dix, ni cinq... Je n'ai rien... absolument rien.

Le guichetier se gratta l'oreille.

— Le diable m'emporte si je sais pourquoi, fit-il ensuite, mais vous m'intéressez ! Bref, vous allez voir comme je suis bon enfant... Je vous ferai crédit de votre petit verre et vous me le payerez plus tard, si vous êtes un brave garçon, et si ces messieurs du jury ne vous expédient point tantôt à l'*abbaye de Monte-à-Regret!*

Ayant ainsi parlé, le bienveillant guichetier sortit de la cellule et revint au bout de quelques minutes, apportant une fiole de dimension très exiguë, remplie d'un alcool couleur d'ambre.

— Goûtez-moi cela, dit-il, et vous m'en donnerez des nouvelles!... Parole d'honneur, ça ferait revenir un mort! Allons, allons! avalez-en tout de suite une demi-gorgée... Ça vous ouvrira l'appétit

Vaubaron obéit passivement, mais non sans répugnance, car, accoutumé comme il l'était à une excessive sobriété, il avait les spiritueux en horreur.

Mais, en même temps qu'il faisait un appel à sa force morale, il comprenait la nécessité de soutenir sa force physique, et l'eau-de-vie du guichetier devait, mieux que toute autre chose, l'aider à atteindre ce but.

Il vida donc la petite fiole en mangeant quelques bouchées, et il lui sembla aussitôt que son cœur battait plus vite, et qu'une vie nouvelle circulait dans ses veines avec son sang réchauffé.

XVIII

Jean Vaubaron achevait à peine ce léger repas lorsque la porte de la cellule s'ouvrit de nouveau.

Deux gendarmes entrèrent silencieusement.

Ils venaient chercher le mécanicien pour le conduire dans la salle d'attente où les accusés stationnent, sous bonne escorte, jusqu'au moment de comparaître devant le jury.

Personne, excepté les agents de la force publique et les avocats, n'avait le droit de franchir le seuil de cette pièce et d'adresser la parole à ceux que réclamait la justice humaine.

Une banquette de bois de chêne, noire et luisante comme du vieil ébène, garnissait les murailles.

A hauteur d'appui, au-dessus de la banquette, la boiserie gardait l'empreinte de toutes les têtes infâmes et désespérées qui s'étaient appuyées contre elle.

Vaubaron, les poignets réunis par des menottes, s'assit ou plutôt se laissa tomber sur la planchette étroite.

Les deux gendarmes prirent place à côté de lui, l'un à sa droite, l'autre à sa gauche.

On jugeait en ce moment une première affaire, très simple, point obscure, et qui ne devait demander que fort peu de temps pour être expédiée.

Il s'agissait d'un vol avec effraction, commis dans une maison habitée, la nuit, par un rôdeur de barrières.

Ce maladroit coquin s'était laissé prendre sur le fait, arrêter en flagrant délit.

Deux ou trois témoins à entendre, une condamnation à prononcer, condamnation inévitable et d'avance écrite dans le Code pénal, cela demandait une heure au plus.

L'affaire de la rue du Pas-de-la-Mule devait, au contraire, occuper le jury pendant tout le reste de la journée.

Il semblait même vraisemblable que le jugement serait rendu bien avant dans la nuit.

Jean Vaubaron, les coudes appuyés sur ses genoux et la figure cachée dans ses deux mains, attendait avec une muette et profonde résignation.

L'attouchement léger d'un doigt qui se posait sur son épaule le fit tout à coup tressaillir.

Il leva la tête et une fugitive lueur de joie se peignit sur son visage dévasté.

Debout, en face de lui, le jeune avocat, dont les traits expressifs offraient les traces évidentes de l'insomnie et des angoisses morales de la nuit précédente, lui souriait et lui tendait la main, au grand étonnement, et disons plus, au grand scandale des gendarmes.

Vaubaron saisit cette main secourable et l'appuya contre ses lèvres avec un élan de tendresse et de reconnaissance.

— Mon ami, dit alors le jeune homme à l'un des gendarmes, je suis le défenseur de monsieur et j'ai besoin de m'entretenir avec lui ! faites-moi donc un peu de place sur ce banc, à côté de vous, je vous prie.

« *Les buffleteries jaunes s'inclinent devant la robe d'avocat,* » dit un vieux proverbe latin que nous traduisons librement.

C'est surtout dans l'enceinte du Palais de justice que cet axiome reçoit chaque jour une confirmation éclatante.

L'agent de la force publique fit le salut militaire, en témoignage de respect et d'obéissance, et se hâta de reculer, laissant un suffisant intervalle entre lui et Jean Vaubaron.

Le jeune homme s'assit. Il se pencha vers le mécanicien et parlant à voix basse, de manière à n'être entendu que de lui seul, il lui dit :

— Comment vous trouvez-vous aujourd'hui?

— Mieux, monsieur... beaucoup mieux... grâce à Dieu et grâce à vous, répondit Jean Vaubaron.

— Ainsi la nuit dernière a été calme ?

— Incomparablement plus calme, du moins, que toutes celles qui l'avaient précédée.

— J'ose à peine vous demander si vous avez goûté quelques instants de sommeil.

— Oui, monsieur, j'ai dormi, et pendant deux ou trois heures Dieu a daigné m'envoyer l'oubli du passé, du présent et de l'avenir.

— Vous êtes ce matin tel que je souhaitais vous voir, reprit l'avocat, mais je n'espérais guère le grand et heureux changement qui s'est fait en vous !... Restez ainsi, je vous en conjure... Conservez, devant vos juges, cette attitude pleine de résignation noble, de calme et de courage... Je vous l'ai dit, et je vous le répète, ni abattement, ni passion, ni colère !... C'est ainsi seulement que vous pourrez me venir en aide et servir votre propre cause.

— Je n'oublierai rien, monsieur, murmura le mécanicien ; je prévois des tortures sans nom et je suis prêt à les subir... La pensée de mon innocence, qui tôt ou tard éclatera, viendra me soutenir en présence des accusations amoncelées contre moi... Je m'efforcerai de ne pas entendre : je me dirai : *Songe à ta fille, à ta pauvre enfant perdue qu'il faut chercher, qu'il faut retrouver, et sois patient pour être libre !...*

— C'est cela ! reprit l'avocat, oui, c'est bien cela ! Courage !... courage !...

— Et maintenant, monsieur, maintenant, mon généreux défenseur, poursuivit Vaubaron, laissez-moi vous dire, laissez-moi vous crier du fond de mon âme que, quoi qu'il arrive, quel que soit le résultat de la lutte qui va s'engager entre vous et la justice abusée, que je sorte de cette lutte réhabilité ou flétri, libre ou condamné à mort, ma reconnaissance n'en sera pas moins sans bornes, comme l'a été votre dévouement pour le malheureux qui baise vos mains. Aussi longtemps que je vivrai, et jusque sur les marches de l'échafaud, si je dois y monter, il y aura dans ce monde une âme toute à vous... un cœur qui ne battra que pour vous...

L'avocat ne répondit pas. Deux grosses larmes tombaient de ses yeux et roulaient sur ses joues.

Il pressa une dernière fois la main de Vaubaron, et il quitta la salle d'attente en balbutiant d'une voix à peine distincte :

— Espérez !... espérez !... et que Dieu soit pour nous !

Un ordre fut donné par le président des assises.

Une petite porte pratiquée dans la boiserie s'ouvrit presque sans bruit, les deux gendarmes se levèrent en même temps; par un mouvement d'une précision toute militaire ils prirent les bras de Vaubaron et, le faisant marcher entre eux, ils l'introduisirent dans la vaste salle où siégeait le jury et le conduisirent au banc des accusés.

Le mécanicien, avant de franchir ce seuil redoutable, venait d'appeler à son aide toute sa résolution, toute son énergie, tout son courage.

Il en avait besoin. Une sensation atroce lui fit croire que son cœur avait été saisi et broyé dans un étau; il sentit son sang se glacer dans ses veines, comme à l'heure de la mort, quand il entrevit à travers un nuage les mille regards de la foule se fixer sur lui, étincelants de haine, et quand il entendit le frémissement sourd et contenu de toutes les voix qui murmuraient :

— Le voilà... c'est lui... l'assassin... le monstre... l'infâme !...

Ses yeux se détournèrent avec épouvante de cette hydre aux têtes innombrables, qui toutes lui jetaient l'insulte et la menace.

Un vertige s'empara de lui, sa raison obscurcie chancela dans son crâne ébranlé.

Il allait s'évanouir sans doute, ou devenir fou, quand ses yeux éperdus rencontrèrent l'image sainte du divin Crucifié dominant le prétoire où trônaient les membres du tribunal et ceux du jury.

Dans le sanctuaire de la Justice, aussi bien que dans celui des temples catholiques, le Christ est à sa place, car la religion et la loi sont et devront être toujours les deux seules puissances, grandes, légitimes, inébranlables de ce monde.

Cette vue sauva Jean Vaubaron et le rappela soudainement à lui-même.

— Comme moi, se dit-il, Jésus-Christ a comparu devant des juges !... il a subi la plus inique, la plus monstrueuse des condamnations ! il n'a reculé devant aucune des horreurs du dernier supplice... il a bu le calice jusqu'à la lie !... il a voulu mourir sur une croix infâme, entre deux malfaiteurs... et cependant il était le fils de Dieu... il était Dieu lui-même !... De quel droit oserai-je me permettre la plainte, et de quel droit la révolte ?...

Pour l'âme qu'elles relèvent, qu'elles exaltent, qu'elles purifient, de telles pensées sont un baume souverain. Jean Vaubaron se sentit tout d'un coup bien autrement fort et courageux qu'il ne l'était avant son entrée dans la salle des assises.

En même temps le jeune avocat s'approchait de lui et lui disait tout bas :

— Je suis là, mon ami... courage !

Le mécanicien le remercia de ces paroles par un

signe de tête reconnaissant et par un sourire mélancolique et doux.

Le président ouvrit la séance en adressant à l'accusé les questions habituelles.

Vaubaron répondit d'une voix un peu faible, mais calme et parfaitement distincte.

Ces premières formalités accomplies, la lecture de l'acte d'accusation fut faite au milieu du silence et de l'attention générale.

Cet acte d'accusation, très développé, mais sans longueurs, sans redites, sans prétentions au style littéraire et aux périodes à grand effet, était un chef-d'œuvre de simplicité, de logique et de clarté.

Il disait les faits accomplis ; il groupait autour de Vaubaron les preuves du crime, et jamais réseau plus inextricable et plus indissoluble de faits et de preuves n'enveloppa plus étroitement un coupable.

Rien n'était oublié.

Le document judiciaire, après avoir établi l'honorabilité des antécédents de Jean Vaubaron, montrait le mécanicien abandonnant un travail sérieux et productif pour se mettre à la poursuite de chimères, pour se consacrer tout entier à des utopies irréalisables, amenant ainsi dans son ménage la gêne d'abord, puis la misère.

Il disait comment bientôt la liberté même de Vaubaron avait été menacée, ses créanciers ayant obtenu la contrainte par corps à la suite de poursuites exercées contre lui pour des billets qu'il ne pouvait payer.

C'est à ce moment, continuait l'acte d'accusation, que la première pensée du double crime s'était sans aucun doute présentée à l'esprit du débiteur insolvable.

Voisin d'un vieillard célibataire et millionnaire, il avait dû se dire :

— Assez de travail, de privations, de misère ! Je veux être riche à mon tour !... Je tuerai cet homme, et dans son sang je ramasserai une fortune !

Et, dès la nuit suivante, Vaubaron, muni d'un burin de graveur, dont le manche portait son nom (comme si la Providence avait voulu que l'arme préparée pour le meurtre se retournât contre le meurtrier !) oui, dès la nuit suivante, Vaubaron, à l'aide d'une corde à nœuds attachée au balcon de son logis, descendait sur les toits des communs du baron de Viriville et s'introduisait dans l'intérieur de l'hôtel à l'aide de fausses clefs que son habileté bien connue dans l'art du serrurier lui permettait de fabriquer lui-même, sans recourir à l'aide dangereuse et compromettante d'un complice.

L'acte d'accusation, dans un langage sobre, mais cependant dramatique et coloré, racontait la scène terrible et probable des deux assassinats consommés avec une si monstrueuse énergie.

Il continuait ainsi :

« Le crime est accompli ! le meurtre a précédé le vol ! le nocturne bandit fouille à pleines mains dans la caisse qu'il vient d'ouvrir, à quelques pas à peine des cadavres de ses victimes... Ses cupides espoirs ne seront point déçus..., il trouve à faire une ample curée, il s'empare de valeurs facilement portatives et il s'éloigne avec le butin conquis au prix de tant de sang répandu !...

« Parti de l'hôtel silencieusement, sans avoir rencontré personne, sans laisser derrière lui de témoins accusateurs, il abandonne cette demeure sinistre où il vient d'apporter la mort, et il regagne son logis à l'aide de cette corde flottante, grâce à laquelle il est descendu...

« Le voilà chez lui, triomphant, riche des fruits du crime, et se croyant certain de l'impunité...

« Qui donc le dénoncerait, en effet?... Nul ne l'a vu ! son passage dans les airs n'a point laissé de traces !... ses deux victimes sont bien mortes, et les morts ne parlent pas !...

« — Je suis à l'abri du châtiment ! se dit alors le meurtrier, le soupçon ne saurait m'atteindre !... il n'y a pas de preuves contre moi !...

« Ainsi parle cet homme et cet homme se trompe !... La justice céleste veille sur lui !... La divine Providence le rend à la fois aveugle et fou !... De muets accusateurs vont surgir de toutes parts !...

Les preuves, qu'il croit absentes, seront innombrables pour l'accabler!

« Dans son inconcevable démence, il oublie de détacher la corde suspendue à son balcon, premier indice qui, dès l'aube du jour, crie à tous : l'*assassin a passé par là*!...

« Sur les billets de banque enlevés à la caisse du baron de Viriville, les mains sanglantes du meurtrier ont laissé leur empreinte... il court payer sa dette avec ces billets funestes, et les taches de sang qu'il est seul à ne point voir désignent en lui l'auteur du crime!...

« La justice, bien vite prévenue, arrive comme la foudre au domicile de celui qu'accusent tant d'indices. Elle saisit en sa possession un quatrième billet de banque, également maculé de taches sanglantes, et un diamant d'une grande valeur, vendu il y a cinq ans au baron de Viriville par un joaillier qui déclare le reconnaître, et dont la déposition ne pourra laisser aucun doute dans l'esprit de MM. les jurés. . . . .
. . . . »

Jean Vaubaron écoutait, avec une impassibilité complète en apparence, la lecture de l'acte d'accusation dont nous venons de rapporter quelques fragments.

Pendant toute la durée de cette lecture, il tenait ses regards attachés sur l'image du Christ; sa figure ne se décomposait point, et c'est à peine si les faibles tressaillements de ses paupières et les involontaires contractions de ses narines trahissaient les tortures morales qu'il avait à subir.

L'Indien, prisonnier de guerre et attaché au poteau d'une tribu ennemie en face des sauvages et féroces guerriers qui le mutilent lentement et le tuent en détail, ne saurait faire preuve d'un plus stoïque, d'un plus inébranlable courage.

Quand les derniers mots furent tombés des lèvres du greffier, Vaubaron baissa la tête et soupira profondément.

Son visage, nous l'avons dit, restait calme, mais une sueur froide inondait ses membres.

Le procureur du roi prit la parole pour développer et soutenir l'acte d'accusation qui venait d'être lu, puis l'interrogatoire commença.

Nous avons conduit nos lecteurs avec nous dans le cabinet du juge d'instruction, nous avons entendu les réponses du prévenu aux questions du magistrat.

Ceci nous dispense absolument de reproduire, même en le réduisant à sa plus simple expression, l'interrogatoire subi par Jean Vaubaron en présence du jury.

Les demandes du président étant semblables à celles du juge, les réponses devaient être identiques et le furent en effet.

Il nous suffira de constater qu'au moment où le mécanicien commençait le récit de l'étrange et nocturne apparition de l'inconnu par qui les billets de banque tachés de sang lui avaient été remis, un immense murmure d'incrédulité et d'indignation s'éleva dans toutes les parties de l'auditoire, et le président, pour rétablir le calme et le silence, fut obligé de déclarer que si de telles manistations se renouvelaient il ferait évacuer la salle.

Cette menace produisit un effet immédiat, mais le coup était porté et l'avocat de Vaubaron, étudiant du regard les physionomies honnêtes et révoltées des membres du jury, fut obligé de s'avouer à lui-même que la parole humaine la plus éloquente serait sans pouvoir en face d'une conviction si profonde, et si impossible, non seulement à détruire, mais à ébranler.

— Tout est perdu !... se dit-il, la tête de l'innocent tombera !...

Le président invita Jean Vaubaron à revenir, dans son propre intérêt, sur des explications dont la flagrante absurdité révoltait le bon sens public.

— Monsieur le président, répliqua l'accusé d'une voix ferme, ma vie et mon honneur sont dans les mains de Dieu... J'ai dit la vérité... je persiste.

L'interrogatoire continua.

Un murmure nouveau, presque aussi violent que le premier mais plus facilement réprimé, se fit entendre quand le mécanicien affirma que le burin qui portait son nom et dont nous connaissons l'épouvantable usage, avait été vendu par lui, la veille du crime, au brocanteur qui demeurait au rez-de-chaussée de sa maison.

— Ce brocanteur est au nombre des témoins assignés, dit le président, nous l'entendrons dans un instant.

Vaubaron courba la tête de nouveau.

Il savait d'avance, hélas! quelle serait la réponse de Laridon.

On procéda à l'audition des témoins.

Ils étaient peu nombreux.

En première ligne se trouvait Laridon, prodigieusement ému et tremblant, car nous savons combien était grande et légitime l'épouvante que toute comparution devant la justice inspirait au brocanteur-receleur.

Venait ensuite l'huissier entre les mains de qui le mécanicien avait effectué le payement de sa dette, grâce aux billets de banque remis par Rodille.

Puis, à ces témoins importants succédaient les domestiques du baron de Viriville qui, dès l'aube du jour, avaient constaté le double assassinat.

Puis le commissaire de police et les agents chargés d'opérer l'arrestation de Jean Vaubaron.

Enfin le bijoutier, cité à comparaître pour affirmer l'origine du diamant volé, fermait la marche.

Nos lecteurs n'ont rien à apprendre de nouveau, relativement aux dépositions de ces témoins.

Elles furent accablantes pour l'accusé, et les membres du jury se dirent à eux-mêmes, comme le public, que jamais la culpabilité d'un scélérat n'avait été prouvée d'une façon plus complète et plus irrécusable.

Aussitôt l'interrogatoire des témoins terminé, le président donna la parole à l'avocat général pour son réquisitoire, qui ne fut qu'un nouveau et retentissant commentaire de l'acte d'accusation, et qui conclut à la peine de mort avec une fougueuse énergie.

Après ce réquisitoire, l'audience demeura suspendue pendant un quart d'heure.

Le jeune défenseur de l'accusé, tournant les yeux vers son client, fut effrayé de sa pâleur.

Le mécanicien était à bout de forces, en effet, et la contrainte qu'il s'imposait depuis longtemps pour ne point donner au public le spectacle de sa prostration allait vraisemblablement amener à sa suite une défaillance absolue.

— Le malheureux va perdre connaissance! pensa l'avocat.

Il s'approcha de Vaubaron et murmura à son oreille :

— Vous vous trouvez mal, n'est-ce pas?

— C'est vrai, balbutia l'accusé d'une voix à peine distincte, je sens que le cœur me manque... Il me semble que je vais mourir...

— Voulez-vous respirer des sels! voulez-vous une boisson fortifiante?

— Ni l'un ni l'autre... mais je crois que quelques gouttes d'eau me rendraient la vie.

Un instant après, Vaubaron buvait à longs traits une eau pure et glacée.

Il se sentit presque aussitôt soulagé et ranimé.

— Vous serez jusqu'au bout ma providence, reprit-il d'une voix douce et triste; mais votre dévouement ne saurait aller jusqu'à faire un miracle...

— Que voulez-vous dire, mon ami? demanda le jeune homme.

— Je veux dire que ma dernière illusion vient de s'évanouir... J'ai bien compris tout à l'heure, pour la première fois, la réalité de ma situation... Si j'étais à la place de ces hommes qui vont me juger, et si l'un de ces hommes était à ma place, je prononcerais une condamnation capitale, sans hésitation et sans remords, car j'agirais selon ma conscience... Mon prétendu crime est évident, manifeste, prouvé! Il n'y a dans le monde entier que vous, moi et le véritable assassin, qui puissions croire à mon innocence... Dieu seul pourrait me sauver encore, mais vous voyez qu'il ne le veut pas !... Cher et généreux défenseur, ne vous épuisez donc point en inutiles efforts... Abandonnez un malheureux à sa destinée... Retirez-vous de la lutte !

— Jamais ! répliqua l'avocat vivement. Je défendrai votre vie comme la mienne...

Vaubaron eut aux lèvres un sourire sans amertume.

— A quoi bon? reprit-il. Vous voyez que je n'ai plus d'espérance, et vous n'en avez pas plus que moi !

L'avocat resta muet.

Que pouvait-il répondre en effet? C'était vrai — et nous le savons aussi bien que l'accusé lui-même — il avait cessé d'espérer !

En ce moment la cour rentrait en séance, et le président disait :

— La parole est au défenseur.

Le silence se fit dans l'auditoire à l'instant même : un de ces silences si profonds que, selon l'expression populaire, on aurait entendu voler une mouche. La curiosité était portée à son comble, aussi bien chez la multitude illettrée que chez les membres du barreau et de la magistrature présents à l'audience.

Chacun se demandait :

— Que va-t-il dire ?... comment essayera-t-il la défense de cette cause indéfendable et perdue d'avance ?... Il ne peut plaider l'innocence, plaidera-t-il la folie?... Ne faut-il pas qu'il soit fou lui-même pour tenter sans espoir une telle aventure?

On se demandait cela tout bas, mais pas une parole n'était échangée et les souffles qui s'exhalaient de toutes ces poitrines haletantes ne produisaient aucun murmure.

En présence de ce silence absolu, de cette attention avide, derrière lesquels il devinait une hostilité sourde, le jeune avocat ressentit l'émotion profonde que doit éprouver l'homme énergique et loyal venu sur le terrain pour y défendre sa mère ou sa sœur lâchement attaquée, et qui se trouve, l'épée à la main, en face d'un adversaire redoutable, aguerri par de sanglants succès et possédant bien plus que lui l'expérience de toutes les ressources, de toutes les habiletés de l'escrime.

Cet homme n'hésite pas, cependant, et ne tremble pas, mais il voit le danger tel qu'il est, sans l'exagérer et sans l'amoindrir; au moment d'engager le fer, il se dit :

— Que Dieu qui protège les causes saintes me vienne en aide, ou je suis perdu!...

C'est ainsi que le courageux défenseur fit un rapide appel à Celui de qui viennent l'éloquence et la persuasion; il attacha sur Jean Vaubaron un regard attendri; ses yeux se tournèrent ensuite, remplis de flammes généreuses, vers les membres du jury, sa voix s'éleva et il commença son plaidoyer.

Ce discours, dont les journaux de l'époque ne publièrent qu'une analyse incomplète et défigurée, dura près d'une heure et parut trop court à tous ceux qui l'entendirent.

Jamais improvisation ne fut plus brillante, plus nerveuse et plus touchante ; jamais les maîtres de la parole ne poussèrent plus loin l'art merveilleux d'agir sur les intelligences les plus rebelles, et de descendre jusqu'au fond des cœurs les mieux fermés.

Le défenseur de Jean Vaubaron commença par aborder le domaine des faits, et s'efforça de substituer le doute aux convictions terribles sous le poids desquelles son client était écrasé.

C'était là la partie ardue et presque impossible de sa tâche.

Le succès sembla cependant dépasser ses espérances et, à plus d'une reprise, tandis qu'il développait sa thèse épineuse, il entendit un frémissement d'émotion dans ce même auditoire, où, quelques instants auparavant, fermentait une malveillance si peu cachée.

Il raconta d'abord le passé du mécanicien, cette vie sans tache, cette existence de travail, d'abnégation, de sacrifice, partagée entre un labeur sans trêve et les affections les plus saintes.

— Est-ce par une telle vie qu'on prélude au plus effrayant, au plus barbare, au plus hideux de tous les crimes?... s'écria-t-il après avoir tracé ce tableau. Vous qui m'écoutez, je vous en fais juges!... En est-il un parmi vous, un seul, qui ne recule point devant l'affirmative?...

Il s'attacha ensuite à démontrer que l'argumentation à l'aide de laquelle le ministère public foudroyait l'accusé s'écroulait tout entière et d'un seul bloc si l'on admettait comme vraie, ou du moins comme possible, l'explication donnée par le mécanicien.

— Cette explication est invraisemblable jusqu'à l'absurdité, jusqu'à la folie, peut-on me répondre, continua l'avocat. Eh! qu'importe?... ne vivons-nous pas à une époque où tant de choses, qui semblaient insensées et impossibles jadis, sont devenues réelles et faciles?... Pourquoi niez-vous l'existence de tout ce que vous ne comprenez pas?... Pourquoi vous révoltez-vous contre tout ce qui ne vous paraît point lumineux comme le soleil?... Invraisemblable d'ailleurs! dites-vous, et pourquoi? Vous admettez bien, vous, qu'une seule nuit a suffi pour métamorphoser un juste en scélérat consommé!... Voilà l'invraisemblance qui me révolte, moi, et que je refuse d'admettre avec vous!... Il me semble possible, au contraire, et logique, et probable, que le bandit nocturne, l'échappé des prisons et des bagnes, à qui la pensée du crime est venue, ait cherché les moyens d'éloigner de lui tout soupçon et de faire peser sur un innocent la responsabilité de ses actes infâmes!... Un piège habile vous est tendu par ce monstre... Prenez garde d'y tomber! au nom du Dieu vivant, prenez garde!... Pour le coupable, ce serait l'absolution et le triomphe. pour l'innocent, ce serait la mort!... pour vous, messieurs, ce serait le désespoir et le remords éternels!

A mesure que parlait le jeune avocat, avec une chaleur de diction, avec une ardeur d'enthousiasme et de conviction, dont nous ne saurions donner aucune idée, Jean Vaubaron sentait se dissiper le poids énorme qui brisait sa poitrine et qui broyait son cœur.

Depuis tant de jours il n'avait entendu que des paroles de mépris et d'accusation!... Une voix amie retentissait enfin publiquement, et cette voix proclamait son innocence avec une autorité magistrale, et demandait pour lui, non l'indulgence, mais l'estime et le respect de tous.

S'absorbant en sa muette extase, Vaubaron ne levait les yeux ni sur les membres de la cour, ni sur ceux du jury, ni sur la foule amassée dans le prétoire, mais il se croyait certain que les regards tournés vers lui n'avaient plus la même expression haineuse et menaçante qu'au commencement de l'audience.

Il ne se trompait pas. La parole du jeune avocat accomplissait, en effet, un prodige inespéré. Elle touchait les esprits, elle amollissait les cœurs, elle éclipsait les rayonnements de cette fausse lueur que chacun, jusqu'à ce moment, avait pris pour la plus incontestable évidence.

— Si j'ai réussi à atteindre le but que je me proposais, continua le défenseur, si je vous ai démontré que non seulement le culpabilité de Jean Vaubaron n'est point certaine, mais encore que son innocence est admissible et probable, ma tâche est accomplie et ma cause est gagnée; vous ne nous refuserez point les bénéfices du doute, et pas un de vous ne voudra se faire le complice d'une monstrueuse erreur judiciaire... Et maintenant il me reste à vous dire ce qu'a souffert et ce que souffre encore, depuis qu'une odieuse et mensongère accusation pèse sur lui, cet homme, cet innocent, ce martyr!...

La première partie du plaidoyer avait été un succès: la seconde allait être un triomphe.

Il ne s'agissait plus, en effet, de s'adresser à la raison froide de ses auditeurs, de parler à des esprits prévenus et méfiants; le jeune avocat allait faire appel aux sentiments les plus intimes de l'âme humaine; il allait toucher les fibres les plus mystérieuses des cœurs attendris...

Il raconta les longues tortures du captif, les douleurs sans nom de l'homme dont la vie est sans tache, dont la conscience est pure, et qui se voit arraché tout à coup comme un assassin de l'humble logis où il laisse sa femme expirante et son enfant abandonnée; il dit les angoisses effroyables du captif se débattant vainement contre des accusations étranges et terribles, et ne sachant rien du sort des deux êtres chers en qui toute sa vie repose; il dit enfin cet horrible drame auquel nous avons assisté, cette heure terrible où Vaubaron, apprenant que sa femme est morte et que sa fille a disparu, cherchait à mourir en se brisant le crâne contre les murs de son cachot.

— Messieurs, ajouta-il en terminant, la justice humaine que vous représentez reculerait avant d'infliger à un grand coupable un châtiment pareil... Eh bien, l'homme que vous avez à juger, l'homme qui vient de souffrir ainsi dans son corps et dans son âme, cet homme est innocent, je le jure, j'en prends à témoin le Dieu crucifié qui domine cette enceinte, le Dieu qui nous voit et nous écoute! Jean Vaubaron est pur de tout crime, je l'affirme!... Honneur pour honneur, je réponds de lui, et non seulement je vous demande sa vie et sa liberté, mais j'attends de votre verdict sa réhabilitation!...

Le jeune avocat se tut.

De grosses larmes, dont il n'avait pas conscience, coulaient sur son visage.

Jean Vaubaron, la tête cachée entre ses deux mains, sanglotait et sentait son cœur se fondre et déborber.

L'émotion et l'attendrissement du public étaient indescriptibles. Les femmes qui, nous le savons, se trouvaient en très grand nombre dans l'auditoire, pleuraient comme à la représentation d'uu mélodrame poignant. Les membres du jury, malgré la gravité formidable de leurs fonctions, partageaient l'entraînement général et détournaient la tête pour essuyer furtivement leurs yeux.

Certes, en ce moment, la cause du mécanicien était gagnée.

Un revirement complet venait de se faire dans l'opinion, l'innocence de l'accusé paraissait manifeste aux esprits mêmes les plus prévenus, et si le jury avait été appelé sur-le-champ dans la salle de ses délibérations, nul doute qu'il n'en fût sorti avec un verdict de non-culpabilité.

Malheureusement il ne pouvait point en être ainsi.

La parole appartenait au ministère public pour la réplique, et le procureur du roi se leva.

Pendant le très court intervalle qui sépara la conclusion du plaidoyer de l'avocat et les premiers mots du magistrat, Jean Vaubaron, dominant de son mieux son émotion et pressant le côté gauche de sa poitrine pour ralentir les battements de son cœur, releva la tête, tourna vers son défenseur son visage baigné de larmes, et lui fit signe de s'approcher de lui.

Le jeune homme se hâta de se rendre à cette prière, et se penchant vers l'accusé, murmura :

— Êtes-vous content de moi?...

Vaubaron saisit une des mains de l'avocat et, malgré la résistance de ce dernier, il la pressa contre ses lèvres à dix reprises, en balbutiant :

— Oh! monsieur, soyez béni!... vous avez fait un miracle!... vous avez porté la lumière au milieu des ténèbres!... Ma fille vous devra son père... car je suis sauvé!... sauvé par vous!

—Hélas!... pensa l'avocat, pas encore!

Le procureur du roi commençait son discours.

Cet éminent magistrat, convaincu profondément de la culpabilité de Vaubaron, et voyant que, contre toute prévision, le ministère public avait le dessous dans sa lutte corps à corps avec la défense, allait faire des efforts surhumains pour regagner l'avantage un instant compromis et pour empêcher celui qu'il regardait comme un grand coupable d'échapper à l'action vengeresse de la justice.

L'avocat du mécanicien avait réussi par l'attendrissement, en s'adressant au cœur de ceux qui l'écoutaient

Le procureur du roi comprit que l'unique moyen de regagner le terrain perdu était de mettre en œuvre exclusivement les ressources de la froide logique, et de parler aux intelligences.

Il voyait juste.

A peine venait il de prendre la parole qu'une réaction soudaine se faisait, glaçant l'enthousiasme et paralysant l'émotion.

Le magistrat rendait hommage, bien haut et avec une profonde habileté, à l'immense talent du jeune défenseur, mais en même temps il déplorait le dangereux, le funeste usage fait de cette éloquence dont le barreau pouvait à bon droit s'enorgueillir.

— Eh quoi! s'écriait-il, toutes les qualités les plus rares et plus exquises du génie oratoire employées à soutenir une telle cause, à dérober un monstre à la juste vindicte des lois!... Quel douloureux et navrant spectacle, messieurs!... et quel don funeste que cette science exquise du bien dire, servant à revêtir des couleurs trompeuses de l'innocence le crime le plus monstrueux et le mieux prouvé!... Un instant sans doute, vous tous qui m'écoutez, vous avez été dupes de ce mirage décevant, mais déjà, j'en ai la ferme confiance, la vérité vous éblouit de ses lueurs, et l'hallucination se dissipe, comme ces visions vaporeuses qui s'évanouissent au premier rayon du soleil...

A cet exorde le procureur du roi fit succéder une nouvelle édition du réquisitoire, édition revue, corrigée et condensée.

Quand il eut achevé sa tâche, quand il eut dit son dernier mot, tous les faits contenus dans l'acte d'accusation, faits combattus et renversés par le défenseur, se trouvaient de nouveau debout et semblaient plus que jamais inattaquables.

La nuit était venue pendant les débats.

Les lampes allumées répandaient dans la vaste salle des lueurs douteuses et sinistres.

Vaubaron, retombé du haut de son rêve d'espérance, et brisé dans cette chute, était anéanti et paraissait n'avoir plus conscience de ce qui se passait autour de lui.

Le défenseur se leva de nouveau pour répondre à la réplique du procureur du roi, mais avec un immense découragement.

Il sentait trop bien qu'il allait avoir à livrer une seconde bataille, et qu'il la perdrait, car l'émotion, une fois morte, ne se ravive plus...

Il parla cependant, mais sa parole fut impuissante à réchauffer ces cœurs glacés, à convaincre de nouveau ces esprits qui résistaient et qui ne voulaient pas croire.

Son discours sembla long.

De sourdes marques d'impatience se manifestèrent à plus d'une reprise dans l'auditoire, et, quand

14.

il cessa de parler, il comprit que tout était perdu.

— Accusé, demanda le président, avez-vous quelque chose à ajouter pour votre défense?

Vaubaron se souleva comme un homme qui s'éveille d'un rêve.

— Je suis innocent! répondit-il, Dieu le sait... Je remets ma vie entre ses mains...

Le président fit alors un résumé clair, rapide et impartial des débats, puis le jury entra dans la salle des délibérations.

Il en ressortit au bout d'une heure, son chef déclara le verdict affirmatif sur toutes les questions, il ajouta que des circonstances atténuantes étaient admises en faveur de l'accusé.

A ce mot de circonstances atténuantes, signifiant que la tête de Vaubaron ne tomberait pas, de violents murmures de désappointement et d'indignation se firent entendre dans l'auditoire.

Le président commanda le silence.

Les murmures continuèrent avec une telle énergie et une si grande persistance, que le président se vit dans la nécessité de faire évacuer la salle.

Alors fut rendu le jugement qui condamnait Jean Vaubaron à la peine des travaux forcés à perpétuité et à l'exposition.

En écoutant la lecture de cet arrêt, le mécanicien ne fit pas un mouvement, on eût pu le croire changé en statue de marbre; seulement ses yeux mornes se fixèrent sur l'image du Christ avec une immobilité effrayante.

— Mon ami... mon malheureux ami... murmura l'avocat en serrant dans les siennes les deux mains du condamné, Dieu ne nous est pas venu en aide jusqu'au bout... mais, du moins, vous avez la vie sauve...

— Le bagne au lieu de la mort! répondit Vaubaron d'une voix sourde. Mieux aurait valu la mort!...

— Non, car on sort du bagne, et la tombe ne lâche pas sa proie.

— On sort du bagne, c'est vrai!... se dit à lui-même le mécanicien, dont une résolution soudaine illumina le regard. On sort du bagne!... J'en sortirai! Blanche, mon enfant, tu me reverras!...

XIX

Le lendemain du jour terrible du jugement, le jeune avocat vint visiter le condamné dans son cachot, et le supplia de former un pourvoi en cassation.

Jean Vaubaron secoua la tête.

— Cher défenseur, répondit-il avec un calme qui prouvait une résolution inébranlable, je vous ai prévenu d'avance que j'accepterais mon sort, quel qu'il fût... Ce que je pensais il y a deux jours, je le pense encore aujourd'hui... Je pourrais même ajouter que je regarderais comme une dangereuse folie d'engager de nouveau la lutte!...

— Une dangereuse folie? répéta l'avocat avec un accent interrogatif.

— J'en ai la conviction formelle...

— Expliquez-moi votre pensée...

— Pendant toute la nuit qui vient de s'écouler, nuit d'insomnie, ai-je besoin de vous le dire? j'ai réfléchi profondément... J'ai examiné ma situation sous toutes ses faces, dans le passé, dans le présent et dans l'avenir...

— Eh bien?...

— Eh bien! je suis convaincu que dans cette journée d'hier où votre modestie vous persuade que vous avez subi une défaite, vous avez remporté, au contraire, la victoire la plus éclatante...

L'avocat regarda le mécanicien d'un air d'étonnement manifeste.

— Je ne comprends pas... murmura-t-il. Comment parlez-vous de victoire puisque je n'ai pu vous sauver!...

— Vous avez sauvé ma tête, que le procureur du roi réclamait pour l'échafaud!... répliqua vivement Vaubaron. Ce que vous avez fait, nul autre que vous n'aurait pu le réaliser, tant les apparences m'accablaient!... Aujourd'hui je juge ma propre cause avec un sang-froid plus imperturbable peut-être que s'il s'agissait de la cause d'un autre, et je vous jure que votre succès me paraît incompréhensible!... L'assassin d'une femme et d'un vieillard... le lâche voleur forçant un coffre-fort auprès de deux cadavres, n'avait certes aucun droit aux circonstances atténuantes, obtenues par votre éloquente parole... Il devait être condamné à mort et la mort était pour lui, selon moi, un supplice trop doux !... Hier vous avez fait un miracle !... Demain, si le jugement qui m'envoie au bagne était cassé, s'il me fallait comparaître devant un autre jury, qui sait si vous recommenceriez ce miracle?... Ne tentons point une nouvelle partie dont ma vie est l'enjeu... Nous pourrions perdre, et je veux vivre maintenant... j'ai fait serment de vivre !...

Le jeune avocat ne pouvait se dissimuler à lui-même que Vaubaron était dans le vrai.

C'était uniquement pour obéir à la voix de sa conscience et pour remplir son devoir jusqu'au bout qu'il lui conseillait le pourvoi en cassation, et il n'envisageait point sans terreur la possibilité d'avoir à plaider une seconde fois cette cause insoutenable.

— Que votre volonté soit faite, mon ami !... répondit-il. Je n'ose combattre une résolution qui me paraît empreinte d'une profonde sagesse... Mais, si vous renoncez à attaquer le jugement qui vous frappe, il vous reste une autre ressource...

— Laquelle ?

— Le recours en grâce... Le roi est bon et plein d'équité, il a l'amour de la justice et l'horreur du sang répandu... Pourquoi ne pas vous adresser au roi ?

Un indéfinissable sourire vint aux lèvres de Vaubaron.

— Cher défenseur, répliqua-t-il, l'intérêt que je vous inspire est tel, l'attachement voué par vous à un malheureux est si grand, qu'il vous aveugle!... Vous ne voyez en moi que la victime d'une erreur judiciaire et non pas l'infâme assassin. Pour vous je suis innocent, mais pour le monde entier je suis un grand coupable... C'est précisément parce que le roi aime la justice et déteste le sang versé qu'il repousserait ma requête avec horreur si j'avais, ce qu'à Dieu ne plaise! l'étrange audace de m'adresser à lui...

L'avocat baissa la tête sans répondre, le raisonnement du condamné lui semblait inattaquable en effet.

Il reprit, au bout de quelques secondes de silence :

— Je vous comprends, mon malheureux ami... je vous comprends et vous admire! Vous n'espérez qu'en Dieu désormais... Vous porterez courageusement la palme du martyre et vous attendrez avec une patience héroïque que le jour de la justice et de la réhabilitation luise pour vous... Ce jour viendra, gardez-vous d'en douter! L'avenir rachètera le passé... j'en ai la ferme croyance... j'en ai le pressentiment...

— J'en accepte l'augure! murmura Vaubaron avec un triste sourire.

Puis, tout bas, il ajouta :

— Mais si le jour de la réhabilitation tarde trop, celui de la liberté sera proche !... Cher défenseur, continua-t-il à voix haute, j'ai une question à vous adresser.

— Quelle que soit cette question, j'y répondrai de mon mieux.

Le terrible arrêt qui me frappe renferme pour moi une obscurité que je vous prie de vouloir bien éclaircir...

— Je suis prêt...

— On m'a condamné aux travaux forcés à perpétuité, et à l'exposition comme supplément de peine... Or, une fois dans ma vie, j'ai vu en passant par hasard, sur la place du Palais de justice, trois ou quatre misérables garrottés à ce poteau d'infamie qu'on appelle le carcan, au milieu des huées de la populace... Ce hideux spectacle a bouleversé mon corps et mon âme... J'ai trouvé que ce supplice était horrible et, si criminels que fussent peut-être ceux qui le subissaient, je n'ai pu m'empêcher de les plaindre... Ah ! Dieu m'en est témoin, je ne prévoyais guère alors qu'un supplice pareil m'était réservé dans l'avenir !...

Vaubaron, malgré l'énergie morale dont il faisait preuve depuis le commencement de l'entretien que nous reproduisons, fut pris en ce moment d'une sorte de spasme, au souvenir d'un heureux et paisible passé, et des larmes abondantes vinrent mouiller ses paupières.

— Courage!... courage! murmura l'avocat, en prenant la main du condamné et en la serrant dans les siennes.

Vaubaron continua, mais d'une voix tremblante, car sa fermeté l'abandonnait :

— Non, je n'oublierai jamais ce spectacle! Un vertige étrange s'empara de moi... je voulais détourner les yeux et je ne pouvais pas... je voulais m'éloigner, et mon corps tout entier semblait frappé d'immobilité... je voulais fermer mes oreilles aux cris de la foule ameutée, et je distinguais nettement les blasphèmes, les imprécations, les insultes!... Deux hommes montèrent sur la plate-forme, l'un tenant un morceau de fer et l'autre un réchaud rempli de charbons ardents... Le morceau de fer, plongé dans le brasier, devint rouge... l'un des hommes, alors, déchira les vêtements des condamnés et leur appliqua le fer sur l'épaule... Je vis la fumée s'élever, j'entendis les grésillements de la chair qui brûlait ; des plaintes inouïes, des hurlements farouches retentirent, et la foule répondait à ces clameurs désespérées par des vociférations moqueuses!... Je cachai ma tête dans mes mains, je fis un appel suprême à mes forces défaillantes, je rompis le charme fatal qui me retenait immobile et je m'enfuis sans tourner la tête...

Ce que je venais de voir s'appelait *la marque*, n'est-ce pas ?

— Oui... c'était bien *la marque*, en effet...

— Suis-je condamné aussi à cela?...

— Non, grâce au ciel!...

— Bien vrai?...

— Je vous le jure sur l'honneur!...

Vaubaron respira comme un homme soulagé d'un poids énorme.

— Allons! murmura-t-il, que Dieu soit béni! Je vois qu'il veut que je vive, car certes je serais mort au moment où le fer rouge du bourreau aurait touché mon épaule! C'est une étrange faiblesse, n'est-ce pas? et qui doit vous étonner dans la situation où je me trouve! La marque m'épouvantait plus que tout le reste! Je remercie du fond du cœur ceux qui m'ont épargné cette effroyable honte, cette douleur sans nom! Et maintenant, cher défenseur, que va-t-on faire de moi?

— Vous resterez ici jusqu'à la fin des trois jours pendant lesquels vous avez le droit de vous pourvoir en cassation.

— Une fois ces trois jours écoulés, qu'arivera-t-il?

— Vous serez sans doute écroué à *la Force*, où vous attendrez le moment de subir l'exposition...

— Et ensuite?

— On vous transférera à Bicêtre.

— Pourquoi à Bicêtre?

— Parce que c'est de là qu'à de certaines époques les condamnés partent pour les bagnes.

— *La chaîne des galériens*, n'est-ce pas?

L'avocat fit un signe affirmatif.

Vaubaron était très pâle, et de grosses gouttes de sueur perlaient sur son front.

Il continua cependant d'une voix relativement ferme :

— Serai-je dirigé sur le bagne de Brest ou sur celui de Toulon?

— Voilà une question à laquelle il m'est impossible de répondre... Cela dépend de l'administration supérieure et vous ne serez instruit de votre destination qu'à l'heure du départ.

— Jusqu'à ce départ, vous sera-t-il permis de communiquer avec moi?

— J'en ferai la demande à qui de droit, et je ne crois pas que l'autorisation nécessaire me soit refusée.

Ainsi donc, vous serez bon jusqu'au bout, comme Dieu lui-même! Vous négligerez vos affaires et vos plaisirs pour ne point abandonner un malheureux que votre présence console et fortifie! Ah! monsieur, si l'injustice qui m'accable m'avait inspiré la haine des hommes, un cœur tel que le vôtre me réconcilierait avec eux!... Savoir que ma fille deviendra une honnête femme et donner ma vie pour sauver la vôtre, voilà les deux seules grandes joies que je sollicite du ciel à présent!

L'entretien de l'avocat et du condamné continua pendant quelque temps encore.

Vaubaron supplia son défenseur de se rendre à la préfecture de police et d'obtenir que l'on fît les démarches nécessaires pour retrouver la trace de l'enfant disparue.

— La fille d'un forçat, c'est bien peu de chose, je le sais... ajouta-t-il avec amertume. Si ma voix s'élevait, on ne l'entendrait pas, mais à vous, monsieur, à vous, on n'osera pas refuser une enquête.

L'avocat promit de commencer dès le lendemain les démarches qui pouvaient amener le résultat si ardemment convoité, et il se retira, laissant Vaubaron calmé et ranimé par sa promesse.

XX

L'avocat tint religieusement la parole donnée par lui au malheureux père.

Il se rendit, dès le jour suivant, à la Préfecture de police, et il obtint sans peine l'ordre de commencer une enquête.

Les agents de la brigade de sûreté se mirent en campagne sur-le-champ et fouillèrent la grande ville jusque dans ses bas-fonds les plus ténébreux, pour retrouver les traces de l'enfant disparue.

Nous connaissons déjà les précautions prises par Rodille à l'heure nocturne de l'enlèvement de la petite fille, et nous savons que ces précautions étaient assez habilement combinées pour rendre infructueuses toutes les recherches.

Au bout de près d'une semaine d'inutiles démarches, les agents déposèrent leurs rapports, arrivant tous à cette conclusion que, puisque aucun indice ne décelait en quelque lieu de Paris la présence d'une petite fille égarée, il fallait que cette enfant eût accidentellement péri et que, sans aucun doute, on retrouverait un jour ou l'autre son corps, entraîné dans le remous de la Seine ou flottant sur les eaux noires du canal Saint-Martin.

L'avocat reçut communication immédiate du résultat négatif de la mission confiée, sur sa demande, aux argus de la rue de Jérusalem, et il apprit en même temps les suppositions sinistres, mais parfaitement vraisemblables, formulées par ces agents.

Il lui fallut bien rendre compte à Jean Vaubaron de l'insuccès complet des recherches, mais il se contenta de lui dire : « On ne retrouve pas votre fille », il ne se sentit point le courage d'ajouter :

— Elle est morte, à coup sûr... Pleurez-la donc et n'espérez plus...

Le condamné baissa la tête et murmura tout bas :

— Ces hommes cherchent mal ! Quand je pourrai chercher Blanche à mon tour, je sens que je la retrouverai, moi...

Laissons s'écouler plusieurs semaines et rejoignons Vaubaron à Bicêtre, le jour même du départ des forçats pour leur terrible destination.

Bicêtre, à l'époque où se passaient les faits que nous racontons, était encore tout à la fois une maison de force et un hospice, et l'immense cour du vieil édifice servait de théâtre à la première scène de ce drame hideux qui se déroulait sur la route de Paris à Toulon et de Paris à Brest.

Sept heures du matin venaient de sonner à l'horloge du principal corps de bâtiment.

Il avait plu pendant toute la nuit. De grands nuages couvraient le ciel et semblaient par moment s'abaisser au niveau du sol. La matinée était froide et sombre comme une matinée anglaise, alors que le brouillard humide enveloppe Albion d'un manteau de lourdes vapeurs, et que les spleeniques compatriotes de John Bull se coupent si volontiers la gorge avec un rasoir bien affilé de Manchester ou de Birmingham.

Une douzaine d'hommes à figures rébarbatives, portant des favoris épais, des chapeaux bossués, de longues redingotes descendant jusqu'à la cheville et boutonnées jusqu'au cou, se promenaient à pas lents dans la cour, en fumant de courtes pipes bourrées de mauvais tabac.

Tous étaient armés de grosses cannes, ou plutôt de gourdins, dont un seul coup devait tuer un homme ou assommer un bœuf.

Les uns, tout en marchant, faisaient décrire à ces bâtons redoutables un moulinet rapide.

Les autres portaient ces armes offensives suspendues par une petite lanière de cuir à l'un des boutons de leur redingote.

Une enclume de dimension peu ordinaire occupait le milieu de la cour.

Dans l'un des angles se voyait une douzaine de grands baquets remplis d'eau froide.

Toutes les grilles étaient fermées et gardées par des sentinelles l'arme au bras.

Derrière ces grilles, derrière celles du moins qui prenaient jour sur la voix publique, on voyait s'agiter une de ce foules ignobles et malfaisantes que tous les hideux spectacles semblent attirer.

C'était un flot de populace, accouru des faubourgs de Paris, malgré l'heure matinale, pour assister au ferrage des galériens et au départ de la chaîne.

Un très petit nombre d'habitants des campagnes voisines se joignaient à cette tourbe grouillante et tapageuse, composée en grande partie de gredins émérites et de jeunes vauriens que les prisons centrales et le bagne devaient réclamer un peu plus tôt ou un peu plus tard.

On aurait retrouvé là ce public assidu aux sanglantes représentations de la barrière Saint-Jacques, et qui passe la nuit debout, sous une pluie glaciale, pour être sûr d'avoir une place au premier rang lorsque l'échafaud se dresse et lorsqu'une tête va tomber.

— Les voici ! les voici ! cria derrière les grilles la foule transportée d'allégresse.

Ce n'était qu'une fausse joie.

Une demi-douzaine de condamnés à la détention, remplissant à Bicêtre l'office de valets, firent leur entrée, portant chacun sur leurs épaules une charge de ferrements, de lourdes chaînes, de pesants colliers.

Ils se débarrassèrent de ces fardeaux, sous lesquels ils ployaient, et ils les placèrent en bon ordre au milieu de la cour, de manière à leur faire décrire un cercle parfait autour de l'enclume gigantesque.

Ce travail préparatoire terminé, une compagnie de soldats de la ligne arriva, tambour en tête.

L'officier commandant cette compagnie fit prendre position à ses hommes et donna l'ordre de charger les armes.

Évidemment ils allaient se trouver en présence d'un troupeau de bêtes fauves et farouches, qui, de l'espèce humaine, n'avaient conservé que le visage.

Un forgeron athlétique, vêtu de cuir fauve et portant de la main droite un lourd marteau de forme particulière, entra derrière les soldats et se tint debout à côté de l'enclume.

Les hommes aux longues redingotes se formèrent en petit peloton et s'appuyèrent sur leurs gourdins.

Tous les préparatifs étaient achevés.

L'horloge sonna le quart après sept heures.

Avant que les dernières vibrations du timbre se fussent envolées dans l'espace, un violent coup de sifflet retentit à l'intérieur des bâtiments.

Une seconde porte, haute et large, voisine de celle par où étaient entrés les valets de Bicêtre apportant les carcans et les chaînes, tourna sur ses gonds et laissa sortir ou plutôt vomit une bande de vingt-six condamnés aux travaux forcés, tous revêtus du costume uniforme endossé par eux au moment de leur arrivée à Bicêtre.

Rien de plus effrayant, rien de plus terrible que l'aspect de ces hommes que la société venait de rejeter de son sein. Les visages de presque tous offraient les stigmates ineffaçables du vice et du crime. Les fatigues d'une vie de lutte continuelle contre la loi et contre la justice, les misères et les souffrances d'une existence effroyable, se lisaient sur les traits flétris de ces réprouvés.

Ils gardaient le silence et baissaient les yeux, mais la haine crispait leur lèvres pâlies, et leurs regards, lorsqu'ils se glissaient sournoisement vers quelqu'un de ceux qui les entouraient, étaient remplis de flammes menaçantes.

Il y avait, dans cette bande abjecte, des vieillards blanchis et courbés sous le harnais du crime, des hôtes assidus de Toulon et de Brest, enfin, ce que, dans le langage des prisons et des bagnes, on nomme des *chevaux de retour*...

Il y avait des hommes dans toute la maturité de l'âge, qui, après de longues années d'une vie honnête, entraînés tout à coup par des passions mauvaises soudainement déchaînées, s'étaient jetés du premier coup en plein crime, à corps perdu.

Il y avait, enfin, des jeunes gens aux membres grêles, aux figures imberbes, et ceux-là, nous prenons sur nous de l'affirmer, n'étaient ni les moins compromis, ni les moins dangereux.

Les plus jeunes se faisaient remarquer entre tous par leur effronterie et leur cynisme.

Jean Vaubaron se trouvait au milieu de ces bandits, dont le moins coupable était encore à coup sûr un abominable scélérat.

Il regardait avec une épouvante inouïe ces compagnons infâmes, parmi lesquels il se trouvait jeté pour la première fois et dont la destinée allait devenir la sienne.

Il avait cru fermement qu'aucune douleur nouvelle ne pouvait l'atteindre et raviver les blessures saignantes de son cœur, mais à ce moment où, mêlé à l'écume des prisons, à la lie des maisons centrales, il pénétrait dans la grande cour de Bicêtre, il commençait à comprendre combien son erreur était profonde, et son âme encore vulnérable.

XXI

Une tempête de cris et de huées s'éleva du sein de la foule qui s'entassait derrière les grilles.

Les quelques soldats placés au dehors, obéissant à la consigne qui d'avance leur avait été donnée, s'efforcèrent d'imposer silence à cette tourbe hurlante et de la faire reculer à coups de crosse de fusil.

Ils y réussirent tout d'abord, mais au bout de quelques secondes les vociférations recommencèrent et la foule regagna le terrain qu'elle avait perdu.

Les soldats croisèrent les baïonnettes. La foule recula de nouveau, mais ses clameurs redoublèrent au lieu de s'éteindre.

Tandis que ceci se passait à l'extérieur, une escouade de geôliers et de bas employés de la maison s'approchait des condamnés.

Chacun de ces hommes s'emparait du galérien qui lui faisait face, et, portant la main sur lui, le dépouillait de tous ses vêtements, sans en excepter un seul (1).

Dans cet état de nudité absolue, les misérables, rangés sur quatre files, recevaient l'ordre d'aller se plonger, les uns après les autres, dans les baquets remplis d'eau glaciale disposés contre la muraille et dont nous avons déjà parlé.

Là on les frottait vigoureusement avec des tampons de grosse filasse, puis on les faisait sortir de ce bain cruel, et un inspecteur spécial examinait toutes les parties de leur corps pour s'assurer qu'ils ne cachaient pas des limes, des ressorts de montre, ni d'autres objets propres à faciliter les évasions.

Cette visite était longue et rigoureuse.

Pendant toute sa durée les galériens, transis de froid, restaient nus de la tête aux pieds.

Enfin, on jetait une chemise d'étoupe et une espèce de sarreau en grosse toile grise sur leurs membres grelottants et bleuis, et on leur permettait de se revêtir de cette livrée hideuse que complétait un pantalon de treillis...

Tous ces détails sont de la plus rigoureuse exactitude. — Nous affirmons que les choses se passaient ainsi en 1830.

(*Note de l'auteur.*)

Le temps du bain et de la visite avait été employé, par un des geôliers, à ranger sur le sol, de manière à leur faire décrire un grand cercle autour de l'enclume, un nombre de colliers de fer égal au nombre de condamnés.

Ces colliers ou *carcans* au lieu d'être arrondis, ainsi qu'on pourrait le supposer, offraient la forme de triangles.

En ce moment le directeur de Bicêtre promena autour de lui son regard, semblable au coup d'œil d'aigle d'un général d'armée prêt à commander une manœuvre décisive.

Ce regard renfermait une question à laquelle le geôlier principal répondit par un signe de tête affimatif.

Le directeur fit un signe.

Aussitôt retentit un nouveau coup de sifflet, aigu, perçant et modulé comme celui qui s'échappe avec un jet de vapeur des entrailles d'une locomotive.

Les forçats furent à l'instant même dirigés vers le cercle tracé par les colliers posés à terre.

Chacun des employés de Bicêtre éleva un de ces colliers à la hauteur de la tête d'un condamné, dont il emboîta le cou, puis il referma le triangle et fit glisser dans une double charnière un solide boulon, qu'il ne restait plus qu'à river.

Le moment terrible était venu.

Le gigantesque maître forgeron, vêtu de cuir

fauve, allait entrer en scène et commencer son œuvre.

Les condamnés furent de nouveau rangés en ligne.

Deux hommes vigoureux saisirent, chacun par un bras, le premier d'entre eux et le contraignirent à venir s'agenouiller à côté de l'enclume, sur laquelle il appuya sa tête et le collier.

Le forgeron leva son lourd marteau.

Un frémissement de terreur agita les galériens. La foule elle-même, domptée par une toute-puissante émotion, se tut et attendit, haletante.

Le marteau retomba et d'un seul coup riva le boulon.

Les deux hommes reprirent les bras du condamné qui, pâle et chancelant, n'aurait pu se relever sans leur aide, ébranlé qu'il était, dans toutes les parties de son être, par le contre-coup physique et moral du choc de ce marteau qui, s'il eût dévié d'une seule ligne dans sa chute foudroyante, aurait broyé le crâne et fait jaillir le cerveau sanglant.

Tous les autres vinrent, successivement, ployer les genoux et incliner le front devant l'enclume.

Quand ce fut le tour de Vaubaron de subir le dangereux ferrage, il murmura d'une voix sourde :

— O mon Dieu, Seigneur, mon Dieu, si je n'avais à chercher et à retrouver mon enfant, vous me pardonneriez, n'est-ce pas, de jeter ma tête sous le marteau de cet homme ?... Vous seriez indulgent, Dieu de miséricorde, pour la seule faute de ma vie... ma mort !...

. . . .

Au bout d'une heure, toutes les têtes avaient reçu le collier.

Tout n'était pas fini, cependant.

Il restait à compléter le ferrage et à relier les forçats par une chaîne, passant du collier à la ceinture du premier d'entre eux, de la ceinture au collier de celui qui suivait, et toujours de même, jusqu'à la fin du peloton des condamnés.

Une seconde chaîne, longitudinale, passant de ceinture en ceinture, reliait toute la colonne, quel que fût le nombre d'hommes qui la composât.

Une heure encore s'écoula, et le forgeron, déposant son marteau sur l'enclume, essuya son front baigné de sueur et fit signe au directeur de Bicêtre que la besogne de ce jour-là était terminée.

Doublement enchaînés, doublement captifs, puisque désormais ils dépendaient non seulement des geôliers et des gardiens, mais encore les uns des autres, et qu'étroitement accouplés comme ils l'étaient ils perdaient jusqu'à la liberté de faire un pas, un mouvement, de se tenir, par exemple, assis ou debout selon leur bon plaisir, les forçats restaient mornes, silencieux, écrasés pour ainsi dire, sous le poids de leur immense infortune.

Quelques-uns pleuraient à chaudes larmes.

D'autres se tordaient les mains.

D'autres, enfin, promenaient autour d'eux des regards effarés et stupides, et l'on aurait pu croire qu'ils venaient d'être saisis par un accès d'idiotisme subit.

Le plus calme de tous était Jean Vaubaron.

Sa figure pâle, aux traits amaigris, restait belle et noble malgré les angoisses intérieures qui le dévoraient.

Ce juste, ce martyr, rivé à la chaîne d'infamie entre deux forçats, demandait force et courage au Dieu mis en croix entre deux larrons.

Sur un commandement de l'officier d'infanterie, le tambour fit entendre un roulement, les soldats, l'arme au bras, se formèrent en deux lignes de chaque côté du cordon des galériens, la grande porte inférieure fut ouverte, et tous, condamnés, geôliers et soldats, se dirigèrent vers la chapelle.

Il était d'usage immémorial qu'au moment du départ une messe solennelle fût célébrée pour les misérables voyageurs prêts à commencer leur première étape vers Brest ou Toulon.

Rarement un scandale était venu troubler la majesté du lieu saint, pendant la durée de cette messe à laquelle les forçats assistaient dans un état de prostration qui pouvait passer pour du recueillement.

Aussitôt le service divin terminé, le vieux prêtre qui venait d'officier se tourna vers son étrange auditoire, auquel il adressa quelques paroles de consolation, d'encouragement et d'espoir.

Il parla de la miséricorde infinie du Dieu qui pardonne au repentir et qui n'a point, même pour les grands coupables, de rigueurs inflexibles.

Il parla de la justice humaine, qui se laisse désarmer, comme celle de Dieu, par une expiation courageusement subie.

Il dit enfin, en d'excellents termes, des choses excellentes, mais qui malheureusement ne furent point écoutées, par la raison qu'elles s'adressaient à des êtres que leur situation exceptionnelle préoccupait d'une manière trop absolue pour leur laisser la moindre liberté d'esprit.

Vaubaron seul écouta religieusement le vieux prêtre, et lui, le seul innocent, se sentit raffermi par ces paroles prononcées pour des coupables.

Le vénérable ecclésiastique bénit ensuite les condamnés, et le cordon rentra dans la vaste cour où s'étaient faits les premiers apprêts.

Là, le directeur de Bicêtre remit le bataillon des forçats aux mains du représentant de l'entrepreneur des transports, qui prenait le titre de *capitaine de la chaîne.*

Ce capitaine avait sous ses ordres, en qualité d'auxiliaires, non point un détachement de soldats (l'uniforme de notre armée ne pouvait se commettre dans une telle escorte), mais une compagnie d'aventuriers, gens sans aveu pour la plupart, recrutés sur les places publiques et dans les cabarets, et qui, séduits par l'appât irrésistible d'une grosse paye, s'enrôlaient pour une campagne.

Est-il besoin d'ajouter qu'une forte escouade de gendarmerie, détachée des brigades qui s'échelonnaient le long de la route, avait mission de se placer, le mousqueton au poing, sur les flancs du convoi, et de surveiller non seulement les galériens enchaînés, mais encore les coquins parfaitement libres qui leur servaient de gardes du corps?

En règle générale, voici comment les choses se passaient et de quelle façon s'effectuait le départ.

Les forçats entassés sur des charrettes longues, garnies de quelques bottes de paille, sortaient les premiers de l'immense cour de Bicêtre.

Derrière ces charrettes venaient les fourgons de cuisine et d'approvisionnement, précaution indispensable dans un voyage de longue durée, où parfois, au lieu choisi pour le repos ou pour le coucher, on ne devait trouver qu'une masure ou qu'une grange.

Une sorte de cabriolet-patache suivait les fourgons.

Dans ce cabriolet prenaient place, tant bien que mal, et plutôt mal que bien, le capitaine de la chaîne, le médecin chargé d'administrer des secours aux forçats qui tombaient malades en route, et un employé du ministère de l'intérieur, revêtu du nom et des pouvoirs de *commissaire*, et chargé de veiller à l'exécution des articles imposés par le cahier des charges à l'entrepreneur du transport.

XXII

Ce fut un moment terrible que celui où les grilles massives tournèrent sur leurs gonds, et où les premières voitures du convoi, sortant de la cour, affrontèrent les flots tumultueux de cette multitude surexcitée et frémissante, qui depuis si longtemps attendait la dernière scène du drame de Bicêtre.

Cette muraille humaine ne semblait point disposée à se laisser battre en brèche et les groupes, à chaque instant plus nombreux, qui la composaient, s'obstinaient dans leur immobilité, au risque de se faire écraser sous les pieds des chevaux et sous les roues des voitures.

En même temps s'élevait du sein de cette cohue une tempête indicible de huées vibrantes, de cris farouches, de voix glapissantes et de sifflets aigus à briser le tympan.

Chaque bouche vomissait les ricanements, le blasphème et l'insulte et, de minute en minute, de seconde en seconde, quelque voix plus stridente, quelque clameur nouvelle et plus âcre, venait ajouter sa note au *crescendo* de l'orchestre infernal.

Jusqu'à cet instant, nous l'avons dit, les galériens, frappés d'une sorte de torpeur, étaient restés muets et engourdis, semblables à des hommes dont une boisson stupéfiante a paralysé l'intelligence et les sens.

L'étincelle qui met le feu aux poudres d'une mine ne produit pas une explosion plus rapide et plus formidable que ne le fut le réveil moral de ces bandits enchaînés.

Au contact de la multitude ils redevinrent tous soudainement ce qu'ils étaient en réalité, c'est-à-dire des exceptions monstrueuses dans l'ordre social, des géants de scélératesse et de corruption.

Les fronts penchés se redressèrent, les yeux éteints lancèrent des flammes, les lèvres mornes s'entr'ouvrirent pour répondre aux imprécations de la foule par des imprécations plus infâmes, et l'on entendit rebondir et s'entre-croiser les blasphèmes inouïs, les chants obscènes et les vociférations monstrueuses.

On vit alors les héros du bagne secouer leurs

chaînes avec orgueil, et se vanter tout haut des crimes dont l'expiation commençait, et d'autres crimes inconnus, que, peut-être, ils n'avaient pas commis !

Cependant la vivante muraille s'obstinait plus que jamais dans sa résistance, malgré des sommations réitérées.

Il fallait en finir.

Un semblable scandale ne pouvait durer plus longtemps, et d'ailleurs la situation, en se prolongeant, risquait de devenir dangereuse et d'amener une révolte des galériens.

Les gendarmes accrochèrent au pommeau de leurs selles les mousquetons, dont ils ne devaient pas faire usage ; ils mirent le sabre au poing et, reculant jusque dans l'intérieur de la cour pour prendre du champ, ils lancèrent leurs chevaux au galop et chargèrent la foule.

Une dizaine de personnes, renversées par ce choc irrésistible, reçurent des contusions plus ou moins graves ; on les releva, on les porta à l'hospice, et il n'en fut plus question.

La foule était entamée. Voilà le grand point ! le point essentiel !

Elle oscilla et s'entr'ouvrit, formant ainsi une sorte de tranchée étroite dans laquelle s'engagea la gendarmerie, toujours au galop.

Les postillons fouettèrent leurs chevaux, les

charrettes s'ébranlèrent et ne s'arrêtèrent plus.

Les condamnés poussèrent un immense *hourra*, et leurs voix enrouées vociférant des paroles confuses, leurs regards enflammés, leurs mains étendues par un geste menaçant, semblaient dire à la multitude qui les saluait d'une dernière malédiction :

— Nous reviendrons! vous nous reverrez!

Quand les charrettes eurent disparu au tournant de la route, quand les chants et les cris se furent perdus dans le lointain, l'effervescence de la foule des curieux se calma comme par enchantement.

Une partie des groupes reprit le chemin de Paris; d'autres s'éparpillèrent dans les cabarets qui foisonnent à Bicêtre, et les alentours de l'immense édifice, moitié hôpital et moitié prison, redevinrent, comme de coutume, déserts et silencieux.

La colonne des forçats, qui suivait une route opposée, était bien loin de se calmer, dit un témoin oculaire et auriculaire des hideuses scènes que nous racontons. Le long cordon de fer reliant entre eux les galériens semblait une chaîne électrique qui transmettait à tous le fluide dont quelques têtes étaient chargées.

Au nombre des forçats se trouvait un bandit parisien, type étrange d'impudence et de cynisme, largement pourvu de cet esprit toujours trivial et souvent immonde que le voyou de la grande ville emprunte au vocabulaite des estaminets borgnes du boulevard du Temple et des tapis-francs de la Cité ; cet homme avait le crime joyeux, ce qui lui avait valu toujours une grande popularité parmi ses camarades de préau.

Il prit la parole et il convia ses voisins de chaîne à l'audition d'une chanson de circonstance de sa composition.

Des applaudissements frénétiques l'accueillirent aussitôt qu'il eut parlé, et chacun lui cria de chanter au plus vite.

Il commanda le silence et il commença.

Sa voix était belle, et il dit seul les paroles, en idiome de prison, paroles ajustées sur un air connu de tous.

A un temps marqué par ce chef d'orchestre d'un nouveau genre, les forçats secouaient leurs chaînes en façon d'accompagnement et reprenaient le refrain en chœur avec un ensemble formidable.

Jean Vaubaron, étendu sur la paille au fond d'une des charrettes, autant du moins que le lui permettait la chaîne qui, descendant de son cou, l'attachait à deux de ses compagnons, Vaubaron, disons-nous, cachait sa figure dans ses mains et se demandait s'il faisait un rêve effroyable, ou s'il se trouvait transporté tout vivant dans l'enfer, au milieu d'un cercle de démons.

L'exaltation se prolongea au delà de la halte d'Essonne et jusqu'à l'étape du village de Ponthierry. La bande des condamnés, descendue des chariots et marchant en colonne serrée, épouvanta par ses vociférations enragées la population villageoise accourue au-devant d'elle, et vint tomber épuisée sur la paille d'une écurie, où le repas du soir fut servi.

Le lendemain, au moment du départ et pendant la plus grande partie de la journée, une lassitude profonde, une atonie complète, semblèrent avoir remplacé les diaboliques fermentations de la veille.

La solitude presque absolue au milieu de laquelle cheminait la chaîne exerçait évidemment une influence heureuse et rafraîchissante sur le moral des forçats.

Mais à mesure que les voitures se rapprochaient de Fontainebleau, la route devenait moins déserte; bientôt les habitants des localités voisines affluèrent, et leur présence sembla remettre en mouvement, dans l'âme des condamnés, le levain comprimé par la solitude.

Ce fut alors dans les charrettes un bourdonnement sourd et sinistre, presque pareil à ces bruits étranges et de mauvais augure qui précèdent les tempêtes. A une demi-lieue de la ville, le convoi fit halte.

Un fort piquet de gendarmerie arriva pour lui servir d'escorte.

A cet instant précis éclata l'orage dont tant de symptômes infaillibles annonçaient l'approche.

On vit se relever les têtes pâles aux yeux ardents ; les forçats heurtèrent leurs carcans et s'agitèrent dans leurs chaînes comme s'ils avaient voulu les briser et, de même que la veille, jetant un haineux défi à la civilisation, aux lois, à la société, toutes les poitrines se gonflèrent, et de toutes les bouches sortit un chant de guerre, la *Marseillaise* des prisons, le cri de la révolte et de la vengeance poussé par l'armée des bandits dans la langue expressive des bagnes, et l'on entendit retentir successivement chaque couplet de l'hymme argotique, terminé par ce refrain que les forçats répétaient en chœur :

La *pègre* ne périra pas[1] !...

Des scènes semblables à celles que nous venons de mettre sous les yeux de nos lecteurs se renouvelèrent quotidiennement pendant toute la durée du voyage, et ce voyage était d'une effrayante longueur, car la chaîne se dirigeait vers Brest et ne mettait guère moins d'un mois à parcourir la distance qui sépare Paris de cette dernière ville.

(1) *Pègre*, en argot, signifie l'immense famille des voleurs et des assassins.

Ce que souffrit Jean Vaubaron pendant les vingt-huit mortelles journées de cet interminable trajet, à quoi bon le dire, ou plutôt à quoi bon le répéter?...

Quand la fatalité s'acharne sur un malheureux, elle ne fait point sa tâche à demi ; elle se montre le plus inventif et le plus patient des bourreaux.

De toutes les tortures du corps et de l'âme qui peuvent accabler un homme et lui faire appeler la la mort comme un bienfait suprême, aucune ne fut épargnée à la victime de Rodille.

A cent reprises Jean Vaubaron, pareil au voyageur épuisé qu'un fardeau trop lourd écrase et qui tombe sans essayer de se relever, fut au moment de s'avouer vaincu et de briser ses tempes avec les anneaux de sa lourde chaîne.

Mais, chaque fois qu'un de ces accès de désespoir s'emparait de lui et le rendait fou, le souvenir de Blanche se dressait entre lui et le suicide, et il se disait :

— Je veux la revoir!... Je vivrai!...

XXII

Le vingt-huitième jour, vers les six heures de l'après-midi, la chaîne atteignit le sommet de ces hauteurs escarpées qui dominent le port et la rade de Brest.

La soirée était magnifique et le panorama qui se déroulait sous les yeux des galériens pouvait, à bon droit, passer pour l'un des plus splendides que l'imagination d'un artiste ait jamais rêvés.

Le soleil à son déclin allait disparaître derrière un rideau de nuages bizarres, qu'il teignait d'une pourpre sanglante ; ses derniers rayons coloraient les grandes lames du vieil Océan formant les derniers plans du tableau et se confondant avec le ciel aux extrêmes limites de l'horizon. La mer immense, étincelant sous les feux de cette chatoyante lumière, ressemblait à une fournaise gigantesque remplie de métaux en fusion.

Au lointain, des voiles blanches et dorées se dessinaient vigoureusement sur cette zone incandescente.

Dans la rade, de grands navires, des vaisseaux à trois ponts de la marine royale attendaient sur leurs ancres le vent et la marée qui devaient les conduire au port ou les aider à gagner le large.

Tout à fait au premier plan se dressait, entre les quais de granit des bassins, une véritable forêt de mâts, aussi touffue, aussi complètement inextricable que les sapinières suspendues aux flancs des Alpes et des Pyrénées.

Là était la ville, — là était le bagne.

C'était dans ce coin du monde, entre l'Océan éternellement agité et les abruptes falaises des côtes bretonnes, que Jean Vaubaron, condamné par la justice humaine, devait traîner sa misérable vie sous la casaque rouge et sous le bonnet vert des forçats à perpétuité.

L'existence étant identique pour tous les forçats dans ces terribles enfers qu'on appelle les bagnes, nous allons dire rapidement quelle était autrefois cette existence, afin qu'ensuite rien ne vienne plus entraver la marche du drame que nous racontons.

Il nous semble presque superflu d'ajouter que

nous n'accorderons aucune place à la fantaisie, que nous ne ferons aucune concession à l'amour du pittoresque, et que nous empruntons les détails qui vont suivre aux sources les plus sérieuses et les plus indiscutables.

Prenons le forçat au moment de son arrivée dans le port de mer où l'administration l'envoie pour subir la condamnation aux travaux forcés qui vient d'être prononcée contre lui.

Les voyages, aujourd'hui, s'effectuent beaucoup plus rapidement qu'autrefois, grâce aux voitures cellulaires conduites en poste et grâce surtout aux chemins de fer.

Nous savons de quelle façon voyageait la chaîne à une époque encore bien rapprochée de nous.

Ce changement dans le mode de transport est la seule modification importante survenue depuis cinquante années dans la vie du galérien.

A peine descendus des charrettes, ou des voitures, les forçats sont débarrassés des chaînes pesantes qui les reliaient les uns aux autres.

Des escouades de gardes-chiourme les introduisent dans une vaste salle servant de greffe.

Là on s'assure de leur identité, on les inscrit sur les registres du bagne, où ils échangent contre un numéro le nom qu'ils ont porté dans le monde.

Une fois inscrits, ils subissent la toilette, c'est-à-dire qu'après leur avoir coupé la barbe et rasé la tête, on les dépouille du vêtement donné dans la cour de Bicêtre et on les habille d'une chemise de grosse toile écrue, d'un pantalon de mouy jaune et d'une casaque de mouy rouge.

Ils reçoivent ensuite une paire de gros souliers aux semelles épaisses hérissées de clous formidables, et un bonnet de couleur rouge ou de couleur verte, indiquant les forçats à temps et les forçats à perpétuité.

Aussitôt la toilette terminée, le médecin du bagne examine chaque homme ; le galérien qu'il déclare valide est à l'instant même accouplé avec un autre condamné, et on lui accorde trois jours de repos dans la salle où le chef de service a donné l'ordre de le conduire.

Voici de quelle manière on procède à l'accouplement.

On rive à froid, au bas de l'une des jambes du forçat, immédiatement au-dessus de la cheville, une forte *manille* en acier, à laquelle est attachée une chaîne de fer composée de dix-huit maillons pesant ensemble, avec la manille, près de sept kilogrammes.

Le quatrième jour, au coup de canon de la diane, c'est-à-dire à cinq heures du matin en été et à six heures en hiver, le condamné est conduit aux travaux du port, travaux d'autant plus pénibles pour lui que, ne sachant pas encore se mouvoir avec cette longue chaîne dont il traîne la moitié, il éprouve à marcher une difficulté et un embarras presque insurmontables.

Son apprentissage commence ainsi.

Après une journée d'effrayante fatigue, le forçat est ramené avec les autres condamnés de sa chiourme, il prend sa place sur le banc qu'il ne doit plus quitter jusqu'au lendemain matin, et il est enchaîné au *ramas* (1).

A huit heures (heure du silence général), il s'étend sur son banc, n'ayant pour se garantir du froid des nuits d'hiver qu'un mince matelas, mesurant tout au plus dix-huit pouces de largeur, et une couverture d'herbages qui enveloppe mal son corps revêtu de ses vêtements de forçat.

La nuit se passe. Le coup de canon retentit. La cloche du bagne se fait entendre. La journée va commencer.

Le forçat est délivré du *ramas*. La distribution de vin est faite à ceux qui vont aller à *la fatigue*. Chacun boit sa ration en présence des adjudants ; puis cette population compacte s'ébranle, se met en marche, se pressant et se jetant au-devant de l'air qu'elle aspirera à la sortie.

Chaque couple, en franchissant le dernier degré de l'escalier, présente la jambe au *rondier*. Celui-ci frappe d'un coup de marteau la manille et les

(1) Anneau auquel viennent aboutir toutes les chaînes.

chaînons, et, à la note qu'ils donnent, il sait si la lime a mordu le fer au profit de l'évasion.

C'est un habile, c'est un terrible essayeur de métaux que le sonneur de fers du bagne! Il sent au toucher du marteau quand l'anneau qui unit deux condamnés contient de l'alliage ou quand il est rogné et n'a pas son poids légal.

Les forçats se mettent en route. Ils sont conduits aux excavations et aux mines, aux pompages des bassins, aux ouvrages d'armement et de désarmement des navires, aux transports incessants de bois, de pierre, de fer et de plomb, enfin à tout ce qui constitue la grande et la petite fatigue.

Essayons de donner en quelques mots une idée exacte de ce labeur terrible, effrayant, surhumain qu'on appelle la grande fatigue.

En suivant le cours du ruisseau le Penfeld, le port de Brest est serré par une haute montagne qui s'avance sur lui comme un cap de granit.

Le plan de ce cap est à peine incliné, et cependant il faut que la gigantesque masse de pierre, dans les flancs de laquelle on trouverait des matériaux suffisants pour bâtir une ville entière, il faut, disons-nous, que cette masse s'abaisse au niveau du sol, comme s'est abaissée déjà l'interminable chaîne de rochers dont elle est la suite.

Ce sera l'œuvre lente et séculaire des forçats! Ce sera la tâche de la *grande fatigue!*

Les couples de condamnés gravissent les falaises en se cramponnant des pieds et des mains à toutes les anfractuosités qui leur offrent un point d'appui.

Leurs chaînes bondissent et résonnent sur les rochers qu'ils escaladent. Leurs mains sont armées de pinces, de maillets, de leviers, d'instruments de toutes sortes. Le pic aigu, le pesant maillet attaquent le granit réfractaire. Ce sentiment d'orgueil qui ne s'éteint jamais chez l'homme, si bas que l'homme soit tombé, est surexcité par la résistance. C'est un triomphe que la chute d'un fragment qui se détache et roule.

Ailleurs, huit, et parfois dix ou douze forçats sont attelés à ces chariots pesants, à ces immenses locomotives nommées *diables*, qui portent des blocs énormes de granit, ou des charpentes d'un poids colossal, blocs et charpentes qu'il faut souvent faire arriver à de grandes hauteurs sur des plans d'un escarpement prodigieux.

Là, le paysan du Morvan, presque à l'état sauvage, se trouve près du jeune homme énervé que les assises ont arraché aux avant-scènes des théâtres, à l'atmosphère capiteuse et parfumée des boudoirs.

Là on voit, sous la même chaîne, à la même bricole, le valet qui a volé son maître et le notaire qui a ruiné ses clients.

Et, dans cet attelage anormal, il faut que chaque

homme vienne en aide de toute sa force au travail commun. Le galérien n'est pas d'une nature à être dupe d'un semblant de labeur. Aucun ne trompe, ou bien ils trompent tous ensemble, et rarement cette entente est possible.

Sur ce plan escarpé où roule la masse de pierre, si un seul des travailleurs faiblissait et lâchait pied il y aurait péril pour tous, et, au retour, le camarade d'attelage qui aurait compromis la sûreté des autres ferait l'épreuve d'un des nombreux moyens que le forçat tient en réserve pour la haine particulière ou pour la vengeance collective.

Les armements et les désarmements de navires n'offrent pas des risques moindres. Il y a péril quand l'intelligence ou l'expérience font défaut au bras pour embarquer ou débarquer des caronades, des gueuses pour lest, remplacer des mâtures, etc.

Un empilement de charpente croule... Vingt couples sont employés.

Le cri : *Gare!* est prononcé; le forçat l'entend et veut fuir, mais le mouvement général est paralysé ou ralenti par la chaîne.

Un galérien a pensé à son propre salut avant de se préoccuper du sort de son compagnon. De son côté le compagnon en fait autant, et chacun tire dans un sens opposé.

Une bille de bois énorme roule; elle frappe tout

ce qu'elle rencontre et broie un des deux accouplés, et souvent tous les deux.

Ceux qui, dans de telles catastrophes, en sont quittes pour des contusions ou même pour des fractures, s'estiment fort heureux et bénissent leur sort. Ils ont conquis l'hôpital, et l'hôpital dispense de la grande fatigue!

Quand l'heure du retour au bagne est venue, les escouades se reforment et les condamnés regagnent leurs salles.

A l'entrée, un garde-chiourme les fouille; les bonnets verts sont aussitôt enchaînés.

A l'époque où l'on édifia le bagne de Brest, l'architecte n'épuisait pas ses veillées à chercher l'infini dans la division des diverses parties d'un édifice. Par un principe tout à fait opposé à la maconnerie cellulaire, en honneur aujourd'hui, il s'agissait de placer le moins possible de compartiments dans un espace donné.

Aussi, lorsque l'architecte eut élevé les trois étages de son palais de granit, lorsqu'il eut ménagé avec art les voies de circulation et donné de grands passages à l'air vital, il se contenta de couper chaque étage en deux salles immenses se développant sur un espace de quatre-vingts mètres au-dessus des corderies, qui, à leur tour, servent de piédestal aux casernes de la marine.

Ces trois édifices complètent un sévère amphithéâtre, dont le premier degré est à l'industrie, le second à la captivité, le troisième à la surveillance et à la défense de nos côtes.

Au milieu de chaque salle et contre la colonnade qui les coupe en deux dans toute leur longueur, se dresse, sur un plan incliné, un lit de camp en planches, nommé *tollard*.

A la partie supérieure est placée comme un porte-manteau la légère couverture en herbages dans laquelle le forçat se roule pendant la nuit.

Chacune des salles contient cinq cent galériens.

Une série d'anneaux, destinés à recevoir la chaîne de chaque individu, se prolonge au bord inférieur sur toute l'étendue du lit de camp.

Les forçats au travail qui ne sont pas rentrés de la fatigue au repas de midi mangent à l'heure du retour dans les salles.

Les ustensiles de première nécessité font absolument défaut ; chaque escouade se repaît à une gamelle, ou plutôt à un baquet commun, chaque bouche s'approche du même bidon ! Le vase fait le tour et se pose sur toutes les lèvres !...

Des appétits que la faible ration du bagne ne peut satisfaire, se précipitent sur les gamelles presque vides ou sur quelques restes que le dégoût a fait mettre à l'écart, et souvent deux êtres humains donnent le hideux spectacle des chiens errants et affamés, combattant pour une proie (1).

Au repas du soir succédent quelques instants de liberté assise ou enchaînée.

Un coup de sifflet retentit.

A ce signal, les têtes se renversent en arrière et les corps s'enroulent dans les couvertures.

Ce vaste lit de camp semble une morgue immense, où chaque corps est désigné par un numéro.

La chiourme repose !... le silence règne...

On n'entend plus, au lointain, que les pas du rondier et le bruit sec de son marteau qui heurte les barreaux des grilles et des fenêtres et symbolise l'action perpétuelle de la surveillance.

Voilà la vie du bagne dans son cercle immuable, qui rappelle involontairement au visiteur pensif les cercles les plus terribles de l'Enfer de Dante !

(1) La nourriture est ainsi par jour : 917 grammes de pain ou 700 grammes de biscuit, — 120 grammes de fèves sèches ; — 4 grammes 9 centigrammes de beurre ou 33 centigrammes d'huile, et 10 grammes de sel. — 48 centilitres de vin, ou 96 centilitres de cidre sont ajoutés à la ration quand le forçat travaille.

Chaque condamné abandonne une portion de ses vivres pour alimenter la marmite banale où se fait la soupe.

Jamais le forçat, à moins de cas de maladie, ne reçoit de viande.

XXIV

Il s'est passé de tout temps, dans les bagnes, une chose étrange que nous allons mettre sous les yeux de nos lecteurs, sans nous charger toutefois de leur en donner l'explication. Voici le fait.

Un convoi de condamnés arrive à Toulon ou à Brest. Or, avant la formalité de l'accouplement, avant même que le numéro représentant chaque homme ait été inscrit sur les registres matricules, les hôtes émérites des galères connaissent les noms des nouveaux venus et sont instruits des moindres détails qui concernent les crimes commis et la conséquence de ces crimes.

D'où proviennent ces renseignements si prompts, si précis, qui se répandent à travers les chiourmes avec la rapidité de l'étincelle électrique?

Les recherches consciencieusement faites à diverses reprises par des administrateurs des bagnes n'ont fourni aucune réponse satisfaisante à la question que nous venons de poser.

Le bagne est un monde exceptionnel et monstrueux qui, fort heureusement, ne ressemble à rien de ce que nous voyons autour de nous.

Dans les cercles sociaux où nous vivons, ceux-là même qui ne pratiquent aucune des vertus que la loi divine et la loi naturelle imposent à l'homme, rendent du moins des lèvres, sinon du cœur, un public hommage à ces vertus, et attachent le masque de l'hypocrisie sur la perversité de leurs sentiments.

Au bagne, il n'en est pas ainsi.

Là le masque est tombé; l'hypocrisie devient inutile, elle ne tromperait personne en un lieu maudit où le repentir lui-même ne trouve guère que des incrédules.

Au bagne, la grandeur du crime fait l'importance du condamné; les plus effrayants scélérats, les monstres qui semblent vomis par l'enfer, ont toujours joui, sans conteste, d'une immense suprématie morale et d'une influence sans bornes sur le farouche troupeau qui les entoure.

Les infâmes héros des cours d'assises, les cyniques bandits qui raillent la justice et se moquent de la condamnation, sont de droit et de fait les princes de la chiourme.

Cela est si vrai, le sentiment d'un détestable orgueil se trouve développé à tel point chez ces natures perverses et gangrenées, qu'il n'est pas rare d'entendre quelque vieux *bonnet vert*, désireux d'ajouter de nouveaux rayons à son auréole sanglante, se vanter bien haut de meurtres qu'il n'a point commis, et surcharger *ses états de services* de crimes imaginaires.

Tout ce qui précède a pour but de faire comprendre à nos lecteurs comment et pourquoi Jean Vaubaron, l'innocent, le martyr, fut accueilli par les galériens de Brest avec des sentiments de respectueuse déférence.

Les faussaires, les voleurs avec effraction, en un mot les médiocres gredins du bagne ne se dissimulaient point leur infériorité vis-à-vis de cet homme qu'amenait au milieu d'eux un double assassinat suivi d'un vol audacieux.

Une dernière circonstance venait encore grandir cette admiration sympathique, à laquelle tout criminel d'élite a des droits.

La caisse du baron de Viriville contenait sans aucun doute des sommes énormes au moment de l'effraction.

Or aucune partie, petite ou grande, de ces sommes n'avait été reconquise par la justice.

Donc Jean Vaubaron avait eu l'habileté de cacher assez bien son butin pour le rendre introuvable.

Donc il était riche et, à un moment donné, les ressources suffisantes pour venir en aide à ses courtisans, et payer largement les services rendus, ne lui feraient pas défaut.

Le mécanicien fut accouplé non point à l'un de ses compagnons de voyage, mais à un vieux forçat, âgé de plus de soixante ans, presque idiot en apparence et dont le camarade de chaîne venait de mourir.

Il compta une à une les heures lentes des trois jours de repos accordés par les règlements administratifs à tout condamné, au moment de son arrivée au bagne.

Le matin du quatrième jour, il fut incorporé dans une des escouades et, sous la conduite des gardes-chiourme, il prit le chemin des écrasants travaux de la grande fatigue.

Les coups successifs et terribles que Jean Vaubaron venait de recevoir avaient singulièrement affaibli sa nature physique, énergique et nerveuse.

Il lui restait cependant une somme de force suffisante pour apporter sa large part au travail commun, et il fit en conséquence et résolument l'apprentissage de la vie effroyable qui devait être la sienne désormais.

Il accepta cette existence, dont il ne se dissimulait point l'horreur. Il l'accepta avec une patience et une résignation indicibles. Il s'isola, autant qu'il lui fut possible de le faire, de ses hideux compagnons, sans toutefois leur rien témoigner de l'insurmontable dégoût qu'il éprouvait à leur approche, en un mot il devint le type du *forçat modèle*, et les gardes-chiourme appelèrent sur lui avec inquiétude et défiance l'attention des inspecteurs et de l'administrateur du bagne.

Pourquoi cette défiance et cette inquiétude? demandera-t-on.

Eh! mon Dieu! rien de plus simple et de plus facile à comprendre et à expliquer.

S'il est en ce bas monde un endroit où tout puisse et doive être matière à soupçon, certes le bagne est cet endroit.

Les notes arrivées à Brest avec le mécanicien le représentaient comme un homme d'autant plus dangereux qu'il cachait une immense scélératesse sous les apparences trompeuses d'une honnêteté profonde.

Telle était sa perversité, disaient les notes que, jusqu'au dernier moment, malgré les preuves accablantes, malgré l'évidence lumineuse, il avait soutenu qu'il était innocent.

Sans doute, au bagne, il se prétendrait condamné injustement et, n'ayant plus rien à espérer, il se jetterait dans le parti de la révolte et s'efforcerait de prendre sur ses compagnons une redoutable influence.

Ainsi parlaient les documents venus de Paris, et dont personne à Brest ne se serait permis de mettre en doute l'infaillibilité.

Or, tout justement, le contraire de ce à quoi l'on devait s'attendre arrivait.

Jean Vaubaron ne se posait point en victime, il se taisait sur son innocence, il ne se plaignait pas de son sort, il était prêt, sans cesse et sans un murmure, pour toutes les corvées et, bien loin de chercher à conquérir quelque influence sur les galériens, il paraissait redouter et fuir leur contact.

Une telle manière d'être, de semblables façons d'agir ne devaient sembler rien moins que naturelles, on en conviendra, pour peu que l'on se place au point de vue de messieurs les administrateurs.

Il fallait savoir si ce parti pris de calme, de soumission, de résignation, cachait quelque chose d'alarmant.

On redoubla de surveillance; des yeux invisibles étudièrent nuit et jour les allures, la physionomie et jusqu'au sommeil de Jean Vaubaron.

On ne découvrit rien, absolument rien de suspect : peu à peu, cette surveillance occulte dont nous venons de parler se relâcha et le mécanicien fut décidément classé dans la catégorie des *bons forçats*, des forçats chez qui la pensée s'engourdit, chez qui la volonté n'existe plus.

Or les observateurs se trompaient radicalement.

Jean Vaubaron marchait droit au but qu'il s'était juré d'atteindre. Ce but, c'était de reconquérir sa liberté par une évasion.

Dès le lendemain de son arrivée au bagne, il avait entendu la lecture du code des chiourmes.

Un adjudant, obéissant à une consigne rigoureuse, l'avait initié à la connaissance de la jurisprudence administrative.

Il n'ignorait point que le forçat, s'il est *à temps*, s'il rompt sa chaîne et s'il est repris avant d'avoir accompli l'évasion, subira la bastonnade.

Qu'il encourra une prolongation de trois années de séjour au bagne, si la tentative réussit mais si le fugitif est ramené.

Enfin, qu'une prolongation pouvant progresser indéfiniment, devra naître de la récidive.

Il savait que, si le forçat est condamné à *perpétuité*, la tentative d'évasion lui vaudra la bastonnade, comme au condamné à temps.

Il savait que trois années de *double chaîne* (effrayant supplice!...) puniront l'évasion accomplie.

On ne lui avait pas laissé ignorer les difficultés presque insurmontables de cette évasion.

On lui avait appris qu'aussitôt après la disparition d'un forçat, trois coups de canon retentissent pour donner l'éveil, qu'on hisse les pavillons d'alarme, que le signalement du fugitif est envoyé à la gendarmerie maritime et à toutes les brigades de gendarmerie départementale des dix chefs-lieux les plus voisins, et qu'enfin son corps est mis à prix, comme celui d'une bête féroce.

En effet on placarde, aux portes de la ville et dans les communes rurales, une affiche portant jusque dans ses plus minutieux détails le signalement de l'évadé, et invitant les agents de la force publique et les paysans à lui courir sus, moyennant une prime de vingt-cinq francs, si le condamné est arrêté dans le port; de cinquante, s'il est saisi dans l'intérieur de la ville où il était détenu, et de cent francs, s'il est appréhendé au corps hors des murs.

Enfin, l'adjudant consciencieux le mit au courant, longuement et minutieusement, de l'étrange et terrible industrie des chasseurs de forçats.

Jean Vaubaron apprit qu'en dehors des fortifications, dans les creux des rochers formant la ceinture des côtes de Bretagne, vivent des bandes d'individus couverts de haillons et ne s'écartant jamais beaucoup des gorges du littoral.

Ces gitanos bretons, ennemis jurés de toute espèce de travail, se nourrissent, quand l'argent leur manque, du poisson mort que la mer rejette sur la plage.

Ils vivent près du bagne, comme le chacal près des charniers ou des champs de bataille, comme l'hyène près des cimetières de l'Orient.

Pour eux, le bagne est un pourvoyeur abondant.

C'est lui qui paye les libations d'eau-de-vie et de liqueurs fortes, grâce auxquelles tous, hommes, femmes et enfants, s'enivrent jusqu'à la folie, jusqu'à la fureur, jusqu'au délire, quand il y a fête, c'est-à-dire quand il y a butin.

De génération en génération, ces familles se livrent avec toute l'ardeur d'un instinct farouche à la chasse du galérien.

Elles ont étudié le pays, qui leur a livré ses secrets sans en garder un seul.

Elles connaissent les issues que l'homme évadé choisira après avoir échappé par miracle aux longs bivouacs de l'arsenal.

Elles savent les chemins creux, les vallées désertes, où le forçat haletant ira reprendre haleine et se reposer pendant quelques secondes, après une course effrénée.

Les bohémiens de Brest sont sans cesse dans l'attente du coup de canon.

A peine la lueur de l'amorce a-t-elle rougi de son reflet l'atmosphère lointaine, que tous sont déjà debout et prêts à partir.

Armés de pierres, de bâtons, de fourches, de couteaux, de vieux mousquets rouillés, ils se divisent et se multiplient sur tous les points stratégiques signalés par l'expérience.

Pour un homme qui fuit, il y en a cent qui cherchent et, quand la chance est heureuse, quand la proie humaine est saisie, la prime se partage le plus souvent entre cinq ou six douars ou *tribus* qui vivent de la même industrie.

XXV

Jean Vaubaron savait tout cela ; il ne se dissimulait point que le forçat qui veut briser ses fers et rompre son ban a contre lui mille chances d'insuccès pour une seule de réussite, et cependant rien ne le détournait de l'idée fixe qu'il voulait réaliser à tout prix.

— Être libre ou mourir ! se disait-il lorsqu'il sentait la défaillance s'emparer de lui. Dieu m'est témoin que si je consens à vivre, c'est dans l'unique espoir de retrouver Blanche ! Eh bien ! je quitterai le bagne, et si la fourche d'un paysan ou la balle d'un garde-chiourme m'atteignent dans ma fuite, que m'importe ? La mort, pour moi, sera la délivrance !

Ceci n'était point une parole vaine. La presque

certitude d'une mort violente n'avait rien d'effrayant pour le forçat et ne pouvait l'arrêter un seul instant ; mais il voulait que sa tentative fût sérieuse, et il appliquait toutes les facultés de son intelligence à la préparer de longue main.

Il avait compris qu'avant de rien entreprendre pour l'évasion, il devait faire en sorte d'arriver à deux résultats préliminaires de la plus haute importance.

Le premier, c'était d'inspirer une assez grande confiance aux autorités du bagne pour obtenir d'être séparé de son compagnon de chaîne, et mis en possession de cette liberté qu'on accorde, à titre de récompense, aux forçats dont la conduite est exemplaire.

Le second, non moins essentiel, était de se créer les ressources nécessaires pour faire face aux dépenses d'un long voyage, une fois l'évasion consommée et la liberté reconquise.

A un très petit nombre d'exceptions près, le forçat qui s'enfuit n'est rien moins que converti, et il se préoccupe peu de se mettre en route sans un sou.

Son parti est pris à l'avance. Il vivra dans l'avenir comme il a vécu dans le passé. Il compte sur le vol, sur le meurtre au besoin, pour remplir sa bourse vide. Le premier voyageur passant à portée de son lourd bâton, deviendra son tributaire ou tombera mort à ses pieds.

Aussi, presque toujours, quand un évadé est parvenu à mettre en défaut les premières recherches de la gendarmerie et des chasseurs de forçats, ses déprédations trahissent bien vite sa retraite, et les crimes qu'il sème sur son passage dénoncent le chemin qu'il a suivi.

De pareilles ressources n'existaient pas pour Jean Vaubaron. S'il quittait le bagne sans argent, il ne pourrait demander son pain qu'au travail ou à l'aumône.

Le travail! il n'y fallait pas songer, pour une foule de raisons qui frappent les yeux tout d'abord.

L'aumône! dangereux expédient! Aux environs de Toulon ou de Brest, quand a résonné le canon d'alarme, tout mendiant est suspect lorsqu'il est inconnu.

Donc, nous le répétons, c'est au bagne même, c'est avant la fuite, qu'il fallait amasser un modeste pécule.

Il est peu de personnes, croyons-nous, qui n'aient possédé ou tout au moins qui n'aient eu sous les yeux quelques-uns de ces objets d'art ou de fantaisie, facilement reconnaissables et fabriqués par les galériens.

Pour beaucoup de condamnés ce travail est une immense ressource, et la plupart des forçats seraient bien plus à plaindre si l'administration ne tolérait pas l'industrie privée dans les chiourmes.

En vue de favoriser ce travail, quelques moments de loisir sont accordés à la suite des travaux et des repas. Après la rentrée dans les salles du bagne, avant l'heure réglementaire du silence, il y a encore un intervalle plus ou moins long, que les forçats laborieux peuvent employer à leur profit.

C'est pendant ces courts intervalles que se fabriquent les nombreux objets qui sont offerts aux visiteurs et qui se répandent dans le monde entier.

On tresse le crin pour en faire des boucles d'oreilles, des chaînes, des bagues, dans lesquelles la verroterie s'enchâsse avec élégance. On tisse les filaments de l'aloès pour les transformer en cabas, en souliers à jour. La paille prend les formes les plus variées ; le bois de gaïac se métamorphose en coffrets, en tabatières, en bonbonnières ; là noix de coco, polie, ciselée, sculptée par des mains souvent très adroites, se change en flacons, en coupes, en étuis, en bénitiers, etc.

Le bagne a ses maîtres graveurs qui jouissent d'une réputation incontestable.

Il a ses élèves et ses ébaucheurs.

Jean Vaubaron, désireux de se livrer à une industrie, se mit à faire d'abord de la gravure sur des noix de coco.

Sa remarquable habileté comme ciseleur et l'exquise pureté de son goût en matière d'ornementation lui donnaient une supériorité très réelle sur tous ses rivaux, mais ces rivaux étaient si nombreux et se faisaient les uns aux autres une concurrence tellement acharnée que, si grand que fût le mérite des objets vendus, les bénéfices devenaient presque nuls.

Le mécanicien ne se sentait point la dose de patience nécessaire pour travailler pendant dix années dans le but d'amasser une somme misérable et insuffisante.

Il chercha autre chose ; il se souvint de ces figures de cire animées, sur lesquelles il avait fondé de si grands espoirs, à cette heureuse époque où l'espoir n'était pas à tout jamais perdu pour lui, et il résolut de créer à son profit une industrie nouvelle, qui n'appartiendrait qu'à lui seul et qui pourrait défier toute concurrence immédiate.

Aussitôt qu'il eut gagné quelques petites sommes avec les noix de coco, il fit acheter un peu de cire à modeler, cinq ou six crayons de pastel et des grains d'émail.

Muni de ces matières premières, Vaubaron abandonna le burin pour l'ébauchoir et se mit à l'œuvre.

A l'aide des crayons de pastel, il colora la cire et il modela avec cette cire toutes sortes de figurines, les unes grotesques, les autres touchantes. Les grains d'émail devinrent des yeux, et donnèrent une étrange apparence de vie à ces personnages hauts de quelques pouces, exécutés d'une manière facile et large, remarquables par leur cachet véritablement artistique.

Ces statuettes liliputiennes conquirent aussitôt la vogue. On parla d'elles dans la ville. Le préfet maritime voulut les voir et fit l'acquisition de plusieurs d'entre elles. Vaubaron ne put dès lors suffire aux demandes et quoiqu'il eût fixé des prix infiniment minimes et bien inférieurs à la valeur réelle de ses œuvres, il gagna plus en quelques semaines qu'il n'avait espéré gagner en des mois entiers.

Souvent, aux heures de loisir accordées par l'administration, tandis que le forçat innocent modelait dans la cire mélangée de carmin la trogne enluminée et comique d'un matelot trop ami du rhum et du tafia, on aurait pu voir tout à coup de grosses larmes tomber de ses yeux et rouler sur ses joues.

C'est qu'en ces moments-là, de poignants souvenirs assaillaient Jean Vaubaron.

C'est qu'il revoyait par la pensée son humble chambre de la rue du Pas-de-la-Mule... C'est qu'il croyait entendre un soupir exhalé de la poitrine de sa pauvre femme endormie, et la douce voix de Blanche lui demandant cette poupée si belle et presque vivante qu'il avait promis de créer pour elle.

Alors ses lèvres murmuraient tout bas :

— Blanche... Blanche... mon enfant adorée... c'est pour toi, c'est pour toi seule que ton père travaille aujourd'hui !...

Et il continuait son œuvre avec une ardeur infatigable.

L'industrie artistique de Vaubaron prit bientôt d'ailleurs un développement nouveau.

Non content de produire des figurines de fantaisie, le mécanicien essaya de copier fidèlement la nature qu'il avait sous les yeux, et il y réussit le mieux du monde.

Plusieurs des plus étranges individualités du bagne et deux ou trois gardes-chiourme posèrent devant lui. Forçats et gardiens se virent renaître dans des statuettes d'une saisissante ressemblance.

Si étrange que cela dût paraître, il devenait incontestable que, sous la casaque rouge du galérien, se trouvait l'étoffe d'un artiste, d'un grand artiste peut-être !...

Deux années s'écoulèrent ainsi.

Déjà, depuis six mois, Jean Vaubaron dont la bonne conduite et la soumission ne s'étaient point démenties, avait été dispensé de *la grande fatigue* et admis à prendre sa part des travaux qui s'effectuent dans les parties couvertes du port, dans les magasins, à bord des vaisseaux de l'Etat, dans les ateliers de la voilerie ou dans ceux de la corderie, etc.

Au bout de deux années accomplies, il obtint une nouvelle faveur, celle qu'il ambitionnait par-dessus tout.

Il fut mis en *demi-chaîne*, autrement dit en *chaîne brisée*, ce qui signifie que les fers qui l'accouplaient à son vieux compagnon furent rompus, et qu'il eut le droit de relever jusqu'à sa ceinture, et de l'y fixer, le bout libre de la moitié de sa chaîne.

Pour la première fois depuis sa condamnation Vaubaron éprouva un sentiment indéfinissable, presque pareil à un sentiment de joie.

C'est qu'en effet cette chaîne brisée lui semblait le symbole de la liberté prochaine qu'il s'était juré de conquérir.

Délivré de l'accouplement, il n'avait plus besoin de faire un complice de son compagnon, il ne courait plus le risque d'être dénoncé, trahi, vendu par un faux frère !

Les deux conditions posées par lui et qui devaient rendre possible sa tentative d'évasion étaient enfin accomplies.

Il possédait une somme plus que suffisante pour lui permettre de se procurer un déguisement et de franchir l'énorme distance qui le séparait de Paris.

Il avait en outre conquis la confiance de l'administration et des gardes-chiourme. Il était le moins surveillé peut-être de tous les hôtes du bagne de Brest, et, le jour où le canon d'alarme annoncerait la fuite d'un forçat, les soupçons s'égareraient dans tous les sens, et les escouades seraient comptées et recomptées vingt fois avant qu'on se décidât à songer à lui.

Il ne s'agissait plus désormais que de tout préparer et d'attendre une de ces circonstances favorables, une de ces occasions fortuites qui se présentent à l'improviste et qu'il faut saisir aux cheveux.

Le prologue venait de finir.

Le drame de l'évasion allait commencer.

XXVI

Pendant les deux années qui venaient de s'écouler pour lui avec une lenteur si désespérante, Vaubaron avait assisté à d'innombrables tentatives d'évasion, les unes habilement combinées, les autres maladroites et folles ; mais toutes audacieuses et décelant chez leurs auteurs une somme d'énergie qui, mieux employée dans un milieu différent, aurait certainement fait d'eux des gens remarquables, au lieu d'en faire des galériens.

Presque toutes ces tentatives avaient échoué dès le début.

La plus grande partie des fugitifs, avant même d'avoir pu quitter la ville, étaient repris et chargés de chaînes.

Quelques-uns, au moment où ils se croyaient

sauvés déjà, tombaient dans les mains avides des chasseurs de forçats.

D'autres, enfin, périssaient misérablement, noyés dans le port qu'ils essayaient de traverser à la nage, ou victimes de ce mouvement de stratégie administrative qui consiste à retirer les brigades de condamnés de l'endroit où elles travaillaient au moment de l'évasion.

Ceci demande une explication que nous allons donner en peu de lignes.

Sur vingt forçats qui brisent leurs fers, dix-neuf cherchent un refuge provisoire dans une cache préparée à l'avance, et qui consiste le plus souvent en quelque chambre souterraine creusée et murée par des complices. Les mêmes hommes se chargent d'approvisionner le fugitif d'eau et d'aliments, jusqu'à sa fuite définitive, et de déplacer en temps utile les décombres ou les madriers amoncelés par eux sur la cachette.

En remplaçant les escouades par d'autres qui ne connaissent ni le plan de l'évasion, ni les lieux secrets choisis par les précédents condamnés, et qui, par conséquent, ne peuvent porter aucun secours au fugitif, l'administration condamne ce dernier à venir demander merci, ou à mourir d'une horrible mort, s'il n'est point en son pouvoir de sortir seul de son oubliette.

Parfois des visiteurs ou des matelots ont entendu

s'exhaler de terre, sous leurs pieds, les gémissements d'un agonisant et ont donné l'éveil pour qu'on tentât de sauver ce malheureux.

Bref, pendant ce laps de deux années, trois évadés seulement avaient eu la chance exceptionnelle et presque invraisemblable de parvenir à s'embarquer ou à gagner du pays, et n'étaient point revenus subir une prolongation ou une aggravation de peine sur les bancs de la chiourme.

Ainsi que nous venons de le donner à entendre un peu plus haut, la construction des caches aux évasions a fait naître dans les bagnes une étrange industrie, contre laquelle l'administration sévit en vain.

Toute une classe de condamnés, peu désireux de reconquérir leur liberté, ou assez bons logiciens pour calculer de sang-froid les probabilités sans nombre de la capture, se contentent de protéger, moyennant une prime assez forte, ceux qui veulent courir les chances de la fuite.

Lorsqu'un nouveau venu passe pour avoir de l'argent, les faiseurs de caches lui dépêchent un courtier, qui lui propose de creuser à son intention une cache *introuvable* (1).

Si l'affaire se conclut, celui qui accepte la proposition du courtier paye comptant la somme demandée.

(1) Tous ces détails sont rigoureusement historiques.

Un camarade est le témoin du pacte.

On convient d'un jour ou d'une heure pour introduire l'évadé dans son dangereux refuge ; on lui souhaite ensuite bonne chance et on l'abandonne à sa destinée, quelle qu'elle soit.

Nous devons ajouter qu'il n'est pas rare de voir le vendeur faire d'un seul coup deux opérations commerciales, et, après avoir vendu la cache, vendre à un garde-chiourme le secret du fugitif.

Quoique Vaubaron évitât, autant que cela dépendait de lui, d'entretenir des rapports intimes ou seulement familiers avec ses compagnons de captivité, il n'ignorait cependant aucun des détails que nous venons de mettre sous les yeux de nos lecteurs.

Bien souvent, pendant les premiers mois qui suivirent son arrivée à Brest, des industriels du genre de ceux dont nous venons de parler s'étaient mystérieusement approchés de lui pour lui proposer, en termes couverts, de favoriser son évasion.

Il avait toujours fait semblant de ne pas les comprendre.

Maintenant qu'il possédait l'argent nécessaire pour payer leur complicité, il lui aurait été facile de les retrouver dans la foule des galériens et de s'aboucher avec eux.

Mais il nourrissait à leur endroit la plus profonde défiance, et croyant voir des traîtres partout il voulait agir seul, sans réclamer l'aide de personne.

A mesure qu'approchait l'époque fixée par lui-même pour son évasion, il se rendait mieux compte des immenses difficultés de l'entreprise qu'il allait tenter.

Un forçat livré à ses propres ressources se trouve, en effet, dans l'impossibilité matérielle de se préparer une cachette presque sous les yeux des gardes-chiourme dont aucun complice ne cherche à détourner l'attention.

Il lui faut recourir à l'évasion brusque; il lui faut fuir en plein jour, au milieu de la foule indifférente, qui devient hostile et soupçonneuse parce qu'elle a peur, aussitôt que le coup de canon d'alarme a retenti.

Vainement le forçat a trouvé moyen d'échanger contre un costume civil la casaque du bagne. Tout le trahit, tout le décèle. Son involontaire embarras, ses regards effarés, sa démarche trop rapide ou trop lente, le désignent aussi clairement que s'il portait encore sa chaîne et son numéro.

A ces obstacles, insurmontables au premier coup d'œil, d'autres obstacles se joignaient encore pour notre héros.

Vaubaron ne possédait aucun moyen de se débarrasser de la *manille* ou anneau de fer rivé autour de sa cheville le jour de son arrivée au bagne, et à laquelle attenait l'une des extrémités de sa ceinture de cuir, depuis qu'il n'était plus accouplé.

Certains prisonniers (il le savait) tirant parti d'une conformation physique exceptionnelle, en se livrant sur eux-mêmes à des expériences orthopédiques, étaient parvenus, après de longs efforts et des souffrances cruelles, à faire passer leur pied par l'anneau qui étreignait leur cheville.

Il s'efforça de les imiter.

Il tortura pendant bien des jours ses muscles et ses nerfs pour les assouplir; il froissa ses os pour les rendre malléables; il s'infligea des douleurs si violentes qu'il faillit à plus d'une reprise perdre connaissance et qu'une sueur glacée inonda son visage.

L'unique résultat de ces cruelles tentatives fut de lui donner la preuve manifeste qu'il traînerait éternellement sa chaîne si, pour s'en délivrer, il n'avait recours qu'à de tels moyens.

Il lui manquait en outre une chose de première nécessité, une chose indispensable, sans laquelle il ne pouvait même songer à fuir.

Nous voulons parler d'un déguisement.

Vaubaron se disait et se répétait tout cela; il sentait son énergie faiblir quand il songeait à ces impossibilités matérielles contre lesquelles sa résolution courait risque de se briser.

Les idées de suicide, qui depuis longtemps déjà

ne le tourmentaient plus, revenaient alors l'assaillir.

En passant le long des bassins il regardait l'eau profonde et noire, et il éprouvait des tentations violentes de se laisser glisser dans cet abîme au fond duquel le poids de sa lourde chaîne l'entraînerait comme un plomb.

— A marée basse, murmurait-t-il, on retirerait de la vase un cadavre aux yeux rongés par les crabes, et j'aurais cessé de souffrir!... Mon Dieu, si vous voulez que je vive, secourez-moi, car je n'en puis plus!...

Vaubaron appelait Dieu à son aide. Dieu l'entendit et se servit d'un moyen bien simple pour rendre au malheureux condamné le courage qui lui faisait défaut.

Voici ce qui se passa :

Vaubaron se trouvait employé exceptionnellement, avec deux escouades de galériens, au désarmement d'un vaisseau de l'État amarré à quai et qui devait subir d'importantes réparations dans le bassin du carénage.

C'était par une après-midi du mois de juillet : une chaleur étouffante métamorphosait en fournaise le pont et l'entrepont du navire.

Les gardes-chiourme venaient d'accorder une demi-heure de repos aux forçats qui travaillaient sous leurs ordres et qui, brisés de fatigue et ruisselants de sueur, s'étaient aussitôt étendus sur les pavés du quai, comme un troupeau de bêtes de somme haletantes, pour chercher dans un court sommeil l'oubli passager de leurs maux.

Un grand nombre de blocs de granit, taillés en forme de cubes et destinés à la construction d'un parapet, se voyaient disséminés çà et là.

Vaubaron, couché en plein soleil, appuyait sa tête contre l'un de ces blocs, dont l'ombre transparente couvrait à demi son visage pâle.

Il ne dormait pas, il n'appelait même pas le sommeil ; ses yeux largement ouverts se fixaient sur cette forêt de mâts qui s'étendait devant lui, et sur les espaces infinis de l'Océan bleu qu'on entrevoyait au lointain par une échappée.

Une petite voile blanche, se dessinant nettement à l'horizon, entre l'azur du ciel et celui de la mer, attirait surtout ses regards.

— Ah ! qu'ils sont heureux, se disait-il, qu'ils sont heureux les pêcheurs qui montent cette barque !... Ils ont l'espace... ils ont la liberté... ils ont leurs femmes au logis qui les attendent en priant pour eux !... ils ont des enfants qui les aiment et qui gardent pour l'heure du retour leurs plus tendres caresses et leurs plus doux baisers !... Blanche, Blanche, ma fille adorée, connaîtras-tu jamais les baisers de ton père ?...

Et Vaubaron baissait la tête en pleurant.

Seul, au milieu des galériens faisant la sieste,

un jeune forçat, resté debout et paraissant insensible à la fatigue comme à la chaleur, allait et venait à pas comptés et d'un air si parfaitement indifférent, que son allure n'excitait point la défiance des gardes-chiourme, gens très soupçonneux cependant, et par nature et par profession.

Ce jeune forçat, qui semblait ne regarder personne et n'aller nulle part, et qui néanmoins ne marchait point au hasard, se rapprochait peu à peu de l'endroit où Vaubaron était étendu.

Quand il fut arrivé tout à côté du bloc de granit auquel le mécanicien s'adossait, il s'arrêta, il étendit les bras à la façon d'un homme qui commence à ressentir quelque sommeil, et enfin il s'assit, ou plutôt il se laissa tomber sur le sol, appuyant ses épaules à l'une des faces du bloc dont l'autre face soutenait la tête de Vaubaron.

Un intervalle de quelques pouces à peine séparait la bouche du nouveau venu de l'oreille du mécanicien.

Deux ou trois minutes s'écoulèrent.

XXVII

Absorbé tout entier dans les réflexions douloureuses dont nous venons de donner un échantillon, le mécanicien ne s'était point aperçu de l'arrivée du jeune forçat, de son installation si près de lui, et il continuait à se croire isolé de ses compagnons d'infortune.

Tout à coup il tressaillit.

Une voix faible comme un souffle venait de murmurer presque à son oreille ce seul mot :

— Camarade !

Il tourna la tête à demi et il vit alors le nouveau venu étendu tout de son long, les mains croisées sur sa poitrine, les yeux fermés, et semblant profondément endormi.

— Je me suis trompé, pensa le mécanicien.

Mais les lèvres du prétendu dormeur s'agitèrent de nouveau et la même voix reprit :

— Camarade, écoutez-moi, s'il vous plaît...

— Est-ce à moi que vous vous adressez ? demanda Vaubaron.

— Oui, c'est à vous-même, ou si vous le préférez au numéro 280.

— Que me voulez-vous?

— J'ai à vous entretenir de choses intéressantes, mais, avant tout, je vous prie de parler moins haut, de ne faire aucun mouvement, de prendre exemple sur moi, et d'avoir l'air de dormir comme une vraie souche.

— Pourquoi cette comédie ?

— Parce que le brigadier des gardes-chiourme fume sa pipe à trente pas de nous, et qu'il est parfaitement inutile qu'il nous voie causer ensemble.

— Qu'avez-vous donc à me dire de si mystérieux ?

— Faites d'abord ce que je viens de vous prier de faire, et ensuite vous saurez de quoi il s'agit.

Vaubaron, dont la curiosité s'éveillait à son insu, se conforma au désir exprimé par le jeune forçat.

Sa tête s'appuya de nouveau contre le bloc de granit et il ferma les yeux à demi.

— Camarade, reprit son voisin, voici bien des

jours déja que je vous observe sans que vous vous en doutiez et, comme je suis assez bon physionomiste, j'ai acquis une certitude.

— Laquelle ?

— C'est que *le pied vous démange*.

— Je ne sais ce que vous voulez dire... répliqua Vaubaron, qui, en effet, ne comprenait pas.

— Oui... oui... le pied vous démange ! c'est une manière de parler qui signifie que vous donneriez de bon cœur la chiourme à tous les diables, et que vous avez envie de filer... Oh ! ne niez pas !... je vous le répète, je suis sûr de mon fait. Seulement, vous ne savez de quelle façon vous y prendre pour brûler la politesse aux argousins, parce que, depuis que vous êtes ici, vous vivez comme un hibou, sans relations utiles, ni avec le dedans ni avec le dehors. Or j'ai compris votre embarras, je m'en suis senti touché, et j'ai résolu de vous être utile.

Un sourire amer vint aux lèvres de Vaubaron, tandis que le jeune forçat prononçait ces mots.

—Je commence à deviner, murmura-t-il, vous venez m'offrir de me vendre une *cache*... Est-ce bien cela?...

—Ma foi, non... Les faiseurs de *caches* vont par bandes, et moi j'ai l'amour-propre de travailler seul.

— Que me proposez-vous donc ?

—Plusieurs petites choses qui, si vous savez un tant soit peu vous en servir, feront de vous l'homme le plus libre qu'il y ait au monde...

— En vérité! répliqua le mécanicien avec une ironie mal contenue.

— C'est comme j'ai l'honneur de vous le dire.

— Et peut-on connaître ces merveilleux instruments de liberté?... Peut-on savoir en quoi ils consistent?

— Très bien. Il y a d'abord un petit outil fort ingénieux, à l'aide duquel, en moins d'une minute, vous vous débarrassez de la *manille* et de la chaîne qui, si je ne me trompe, doivent vous causer quelque inquiétude.

Vaubaron tressaillit de nouveau.

L'anneau d'acier qui scellait sa chaîne à son corps était, nous le savons, sa préoccupation constante.

Pour se séparer de cet anneau maudit, il aurait donné de grand cœur, dix ans de sa vie!...

Le jeune forçat continua:

— Ce n'est pas tout... Je suis en mesure de vous livrer un costume complet de matelot... quelque chose de tout battant neuf... Les maîtres tailleurs de la marine royale ne livrent rien de mieux et de plus *fignolé*... Avec ce fourniment-là sur le dos, et une chique dans le coin de sa bouche, n'importe qui peut se présenter hardiment à l'inspection...

Pas de danger que quiconque que ce soit ait vent de la frime!... Enfoncés les argousins!... Chapeau ciré, perruque à tire-bouchons sur les oreilles, chemise bleu bordée de blanc, pantalon rayé, veste d'ordonnance et les souliers par-dessus le marché... Tout y est, sans compter que je fournis en même temps un *grelin* de quarante pieds de long, pas plus gros que le petit doigt et fort à porter quatre hommes... C'est ça qui est commode pour s'affaler dessus au besoin... Il y a encore autre chose, ah! dame!... quelque chose de fameux, que je réserve pour la bonne bouche!... un couteau catalan de dix-huit pouces, d'acier fin, dont vous me donnerez de bonnes nouvelles si nous traitons ensemble et si vous trouvez l'occasion de vous en servir... Et maintenant que je vous ai dégoisé la chose, camarade, qu'est-ce que vous dites de tout cela?...

Vaubaron hésita avant de répondre.

Une défiance insurmontable le dominait, il lui semblait qu'un piège était caché sous les propositions qu'il venait d'entendre.

— Ce qui se passe en ce moment n'est certainement pas naturel... se disait-il. Cet homme qui prétend deviner mes secrètes aspirations, cet homme qui prévient tous mes désirs, m'est envoyé sans doute par quelque garde-chiourme à qui ma résignatiou profonde et mon inaltérable tranquillité sont suspectes... cet homme est *un renard* (1)... Si je ne repousse pas bien loin les ouvertures qu'il vient de me faire, il va me dénoncer et je suis perdu.

— Eh bien, camarade, vous vous taisez?... reprit le jeune forçat. Pourquoi donc?... La réponse que vous avez à me faire est cependant facile... Acceptez-vous mes offres ou les repoussez-vous?

— Je les repousse... murmura Vaubaron.

— Ah bah!...

— Cela vous étonne!

— Beaucoup.

— J'ai pourtant de bien bonnes raisons pour décliner vos propositions...

— Je suis curieux de les connaître...

— La première, c'est que je ne songe nullement à une évasion.

— Et la seconde?...

— C'est que je ne possède pas le premier sou de l'argent nécessaire pour vous payer si je traitais avec vous...

— Et voilà tout?...

— N'est-ce pas assez?

— Non, car vos deux raisons sont fausses et mensongères l'une et l'autre... Votre idée fixe, votre idée de toutes les heures du jour et de la

(1) On nomme *renard*, au bagne, les forçats qui jouent parmi leurs compagnons le rôle d'agents provocateurs.

nuit est de fuir cet enfer où nous vivons... Quant à l'argent, vous en avez... Oh! ne secouez pas la tête, camarade!... vous en avez beaucoup plus que je vous en demanderai... Reste votre troisième raison, la seule véritable, la seule sérieuse, et la seule que vous n'ayez pas dite...

— Ma troisième raison! répéta le mécanicien.

— Oui certes, et la voici : Vous vous défiez de moi... vous croyez que je vous espionne pour aller dénoncer ensuite vos projets d'évasion, en échange d'une somme d'argent ou d'une bonne note... Bref, vous me prenez pour *un renard*... niez-vous cela, camarade?...

— Et quand cela serait?... répondit Vaubaron.

— Cela est! Je ne puis vous blâmer, d'ailleurs, de votre méfiance, puisque nous vivons dans un temps où la probité n'existe plus, même au bagne!... C'est affligeant, ma parole d'honneur!... Soyons forçats, sacrebleu!... soyons forçats, mais soyons honnêtes!... Heureusement il m'est possible de vous démontrer ma bonne foi...

— Ah! fit Vaubaron vivement, vous pouvez me donner des preuves?...

— Sans réplique; mais parlez plus bas... vous venez d'élever la voix fort mal à propos... il me semble que le garde-chiourme a fait un mouvement et qu'il regarde de notre côté...

— Je me tais et je vous écoute...

— Vous pouvez et vous devez craindre, je le répète, de me voir renouveler à votre détriment la gredinerie de quelques-uns de nos collègues qui, après avoir vendu et livré une *cache* ou un déguisement, courent dénoncer l'évasion... Vous n'aurez rien de pareil à redouter car je vous témoignerai, moi, la confiance que vous me refusez... je m'en rapporterai à vous tout à fait... je vous indiquerai l'endroit où sont cachés le costume de matelot, la corde et le couteau catalan... Vous pourrez les prendre quand bon vous semblera, sans que j'en sois instruit, dans deux heures ou dans deux jours, dans deux jours ou dans deux mois, et je ne vous demanderai pas un sou d'avance.

— Quand donc et de quelle façon prétendriez-vous être payé?

— Je vous ai dit que je me fierais absolument à vous... Si nous tombons d'accord, il vous suffira de me promettre qu'au moment de votre évasion vous déposerez dix louis, enveloppés d'un morceau d'étoffe ou de papier, dans la cachette même où vous aurez pris le déguisement... Quand vous serez parti, je le saurai comme tout le monde, et j'irai chercher la somme.

— Une telle confiance a droit de m'étonner... répliqua Vaubaron, je tâche vainement de la comprendre... Quelle garantie auriez-vous donc que je ne quitterais point le bagne sans vous laisser l'argent convenu?

— Quelle garantie? La meilleure de toutes... votre propre intérêt... Tout évadé peut être repris, et vous savez aussi bien que moi qu'au bagne les vengeances sont terribles!... Vous auriez peur, en me trompant, d'attirer sur votre tête une de ces vengeances qui ne pardonnent pas et qui, par tous les moyens, arrivent à leur but... D'ailleurs le service que je vous aurais rendu serait assez grand pour mériter de votre part quelque reconnaissance, je pense que vous en conviendrez.

Il était impossible de s'y méprendre, la sincérité la plus complète éclatait dans les paroles du jeune forçat, et dans la manière dont ces paroles étaient prononcées.

Vaubaron sentit se dissiper comme par enchantement ses appréhensions et ses défiances.

Néanmoins il lui restait un dernier doute.

Il craignait que le forçat n'eût promis plus qu'il ne lui était possible de tenir, et ne se fût illusionné lui-même sur l'étendue des ressources dont il disposait.

Il reprit donc :

— Je crois à votre bonne foi, et je ne vous soupçonne plus d'être un espion à la solde des gardes-chiourme.

— A la bonne heure! murmura le jeune homme.

Rien ne vous empêche donc de traiter... Est-ce une affaire conclue?...

— Oui, s'il vous est possible de me démontrer clairement que l'affaire dont il s'agit est sérieuse.

XXVIII

— Comme ça se trouve! répliqua le forçat ; j'allais tout justement vous offrir une preuve de la chose !...

— Ah ! fit Vaubaron.

— Et je vais vous donner cette preuve à l'instant même... Soulevez-vous un peu, s'il vous plaît ; frottez-vous les yeux, étendez les bras à la façon d'un homme qui s'éveille à moitié ; recouchez-vous ensuite en ayant soin de placer votre main à portée de la mienne. Est-ce compris?

— Oui.

— Faites donc et dépêchez-vous, car le temps passe, et dans quelques minutes il nous faudra reprendre le collier de misère.

Vaubaron se conforma très exactement aux indications qu'il venait de recevoir.

Il sentit aussitôt le jeune homme glisser deux objets assez lourds et de petite dimension dans sa main étendue, qu'il s'empressa de refermer.

— Qu'est-ce que cela ? demanda-t-il.

— Vous le saurez, mais patience... répondit le forçat. Je vais me lever et me tenir debout entre vous et le garde-chiourme, afin qu'il vous soit possible de regarder, car une explication serait trop longue...

Vaubaron, aussitôt que son interlocuteur fut sur ses jambes, ne perdit pas un instant pour examiner les deux objets qui venaient de lui être remis.

Le premier était un fragment de chaîne de la largeur et de l'épaisseur des *manilles*.

Le second offrait l'apparence exacte de ces plaques de fer-blanc triangulaires qui s'attachent au bonnet de chaque condamné et qui portent le numéro matricule.

Le numéro 280 (celui de Vaubaron) se lisait au milieu de cette plaque.

— Maintenant que vous avez vu, reprit le jeune homme, dans notre intérêt commun, agissez avec prudence... Je m'éloigne et je vais demander au garde-chiourme de me faire donner un billet d'hôpital, en prétextant une maladie imaginaire... Quand vous me verrez en conversation réglée avec ce digne surveillant, présentez l'un des rebords de la plaque, n'importe lequel, au morceau de fer, et vous serez bien étonné...

Vaubaron attendit quelques secondes et commença l'expérience.

A sa grande surprise, il s'aperçut alors que la prétendue feuille de fer-blanc, d'apparence si complètement inoffensive, était en réalité une plaque d'acier fondu et dentelé (1).

Cette plaque mordit le fer avec une facilité prodigieuse.

Au bout de deux ou trois secondes, et sans que le moindre bruit eût été produit, le chaînon, scié nettement par le milieu, se séparait en deux parties égales.

Il devenait clair comme le jour que l'anneau de la cheville ne résisterait pas plus longtemps, et qu'une minute suffirait amplement pour couper un barreau de première grosseur.

Tandis que Vaubaron expérimentait avec une si complète réussite, une scène orageuse se passait entre le jeune forçat et le garde-chiourme, auquel il venait de s'adresser tout exprès pour détourner son attention.

Ce surveillant ne semblait point dupe de la prétendue indisposition mise en avant par le condamné.

(1) Historique.

Il parlait avec véhémence, accentuant chaque phrase de jurons sonores, et faisant tournoyer sa lourde canne d'une façon tout à fait menaçante.

Sans égard pour ses démonstrations hostiles, le galérien s'obstinait dans sa demande, tant et si bien que le garde-chiourme, se croyant joué, fit succéder l'action à la menace et laissa retomber sa canne, à deux ou trois reprises, sur les reins du condamné.

Ce dernier jeta un regard furtif du côté de Vaubaron et, voyant que les mains de ce dernier étaient redevenues libres, il tourna sur ses talons, sans ajouter un mot, sans proférer une plainte, et il s'éloigna en boitant, ce qui prouvait jusqu'à l'évidence que les coups de bâton qu'il venait de recevoir avaient été appliqués rudement.

Le garde-chiourme regarda sa montre.

Le temps accordé pour le repos était écoulé.

Il appuya contre ses lèvres un sifflet de cuivre, dont il fit jaillir une modulation aiguë.

Les condamnés couchés et endormis se trouvèrent debout à l'instant comme par enchantement et se dirigèrent, la tête basse, vers le navire dont ils allaient continuer le désarmement.

Tout en marchant vers la passerelle, le jeune forçat ralentit le pas, de façon à se laisser rejoindre par Vaubaron.

— Eh bien, lui demanda-t-il d'une voix très

basse, quand ils se trouvèrent sur la même ligne, sommes-nous d'accord ?

— Affaire conclue, répondit le mécanicien du même ton, j'accepte vos conditions ; voici la plaque, vous me la rendrez plus tard...

— Non... non... gardez-la !... Puisque c'est à vous qu'elle doit servir, elle est mieux dans vos mains que dans les miennes.

— Je crains une fouille au moment de la rentrée dans les salles...

— Prenez vos précautions en conséquence...

— Quelles précautions ?...

— Enlevez la plaque de votre bonnet, jetez-la tout à l'heure dans la mer, et accrochez l'autre à sa place... J'avais prévu le cas, et c'est pour cela qu'elle porte votre numéro...

— Soit, dans cinq minutes ce sera fait... Et, quant au déguisement ?...

— Au prochain quart d'heure de repos, je vous indiquerai la cachette.

Le travail recommença et dura jusqu'au soir, sans que le garde-chiourme jugeât convenable d'accorder un nouveau répit aux bêtes de somme humaines dont il surveillait le labeur.

La rentrée au bagne s'effectua sans qu'il eût été possible à Vaubaron d'échanger un seul mot avec le jeune forçat.

Pendant toute la nuit il ne put fermer l'œil.

Cette fièvre nerveuse qui, dit-on, s'empare des prisonniers et des galériens quand approche le moment fixé par eux pour une tentative d'évasion, calcinait son sang dans ses veines.

Il tremblait en outre, que, le lendemain, son escouade ne fût point envoyée, comme la veille, aux travaux de désarmement, car alors l'occasion d'entamer avec son futur libérateur un entretien nouveau pourrait ne pas se représenter de longtemps.

Heureusement cette crainte ne se réalisa point, et le jour suivant, aussitôt après le coup de canon de la diane, les gardes-chiourme dirigèrent du côté des bassins les mêmes escouades que la veille.

Vers midi une heure de repos fut accordée, selon la coutume, pour le repas et pour le sommeil. Vaubaron prit rapidement sa part de l'horrible brouet contenu dans la gamelle commune, puis il s'étendit sur le sol au même endroit que la veille et feignit de dormir, en appuyant sa tête à ce bloc de granit que nous connaissons déjà.

Avant que quelques secondes se fussent écoulées, le jeune forçat reprenait auprès de lui la place qu'il avait occupée le jour précédent.

— Nous avons, ce matin, tout le temps de causer, lui dit-il, mais il s'agit de ne pas nous laisser surprendre... Ayons donc l'œil entr'ouvert et l'oreille au guet, vous de votre côté, moi du mien.

— Personne ne fait attention à nous... répliqua Vaubaron.

— C'est ce qu'il faut... Étendez la main par ici... j'ai quelque chose à vous remettre...

Ce quelque chose était un très petit flacon de verre brun, pareil à ceux qui contiennent habituellement une dose minime de laudanum.

— Qu'il a-t-il là dedans?... demanda le mécanicien.

— Votre liberté...

— Je ne puis me vanter de vous comprendre.

— Oh! je m'expliquerai, soyez tranquille... mais glissez d'abord ce flacon dans votre poche... En cas de saisie il ne vous compromettrait pas... Vous diriez que vous l'avez trouvé sur le quai, et je défie tous les médecins et tous les apothicaires de la ville de Brest de deviner à quoi peut servir ce qu'il contient.

— Que contient-il donc?

— Quelques gouttes d'un liquide à peu près inoffensif et que vous pourriez avaler, au besoin, sans en mourir...

— Que ferai-je de ce liquide?

— Vous le verserez dans le creux de votre main, un soir, aussitôt que les surveillants de nuit tourneront les talons après avoir attaché les chaînes au *ramas*.

— Et ensuite?...

— Vous frotterez vigoureusement l'un de vos genoux... le gauche on le droit, peu importe.

— Qu'arrivera-t-il?...

— Il arrivera que, le lendemain matin, le genou frictionné la veille au soir sera gros comme ma tête et d'une couleur bleuâtre inquiétante.

— Mais alors il me sera impossible de me mouvoir?...

— Oui, en apparence... mais, en réalité, vous n'éprouverez aucune douleur, et vous serez parfaitement capable de faire dix lieues à pied sans broncher.

— Est-ce possible? murmura Vaubaron.

— C'est possible et c'est certain... Oh! je connais l'effet de mes drogues... Avant de porter la casaque j'étais aide-préparateur chez un chimiste fort inventif... Ceci est sa plus belle invention, sans contredit!... Et quand je pense qu'il la croit inutile, l'excellent homme! Comme il se trompe!... Mais revenons à nos moutons... Vous aurez soin, à l'heure de la diane, de pousser des cris inhumains, et vous jouerez la comédie de ne pouvoir marcher sans éprouver d'horribles douleurs... Soyez sans inquiétude d'ailleurs, camarade, tout le monde sera votre dupe...

— Que fera-t-on de moi?...

— Et que diable voulez-vous qu'on fasse d'un écloppé en si piteux état?... On vous portera à l'infirmerie... les médecins viendront... ils examineront votre mal... ils n'y comprendront absolument rien, mais ils lui donneront des noms latins et ils ordonneront des cataplasmes, des bains, des émollients... que sais-je? Vous laisserez dire et vous laisserez faire... C'est le soir seulement, ou plutôt la nuit, qu'arrivera le moment d'agir.

— Agir, dites-vous?...

— Eh! sans doute... Vous comprenez bien qu'un homme absolument incapable de remuer pied ou patte ne saurait être l'objet d'une surveillance bien rigoureuse... Vous attendrez une heure du matin (c'est à ce moment-là que le sommeil est le plus profond et le plus tenace)... Vous vous leverez alors tout doucement, après vous être débarrassé de votre manille et de votre chaîne, vous bâillonnerez l'infirmier, en ayant soin de ne point lui faire de mal, mais en le mettant dans l'impossibilité absolue d'appeler à l'aide et de donner l'alarme, et ensuite vous l'attacherez solidement au pied de son lit... Comprenez-vous?...

XXIX

— Oui, certes, je comprends, répondit le mécanicien, et rien de tout ce que vous venez de me dire ne me paraît d'une exécution difficile et d'une réussite incertaine; mais, une fois l'infirmier bien bâillonné et bien garrotté, je n'en serais pas plus libre pour cela. Les portes de l'infirmerie sont solides, fortement closes, et derrière ces portes il y a des sentinelles.

— Aussi, n'est-ce point par là que vous vous évaderez.

— Par où donc?

— Par la fenêtre. Scier les barreaux avec la plaque de votre bonnet ne sera pour vous qu'un jeu d'enfant.

— Je le crois; mais l'infirmerie est au premier étage. Comment descendre.

— Vous ferez une corde avec les draps de votre lit... c'est élémentaire... et vous vous laisserez glisser dans la cour étroite et longue, coupée en deux par un grand mur, et qui se trouve entre le bagne et la caserne de la marine.

— Je n'aurai fait alors que changer de prison, cette cour est fermée par des grilles.

— En vérité, mon cher collègue, pour un condamné à perpétuité vous êtes d'une innocence incroyable!... Parole d'honneur, je n'en reviens pas! Les grilles sont faites pour qu'on les escalade!....Elles n'ont jamais eu d'autre utilité que celle de développer les talents gymnastiques des travailleurs de nuit!...

— Et les sentinelles, vous n'en parlez pas?

— Le bagne n'ayant aucune porte du côté de cette cour, il n'y a point de sentinelle. J'en sais quelque chose, moi qui vous parle. J'ai été de corvée, pendant plus de six semaines, dans cette cour.

— Et le costume que je dois revêtir?

— J'y arrive. Faites bien attention à ce que je vais vous expliquer, et gravez au plus profond de votre mémoire mes moindres paroles.

— Oh! soyez tranquille, je n'oublierai rien, je me souviendrai de chaque mot.

— Vous voici dans la cour en question, et je vous suppose le visage tourné vers la caserne de la marine.

— Bien.

— Vous irez alors, en prenant à droite, jusqu'à l'angle du grand bâtiment. Là, vous tournerez sur vous-même, et vous referez exactement le même chemin, en comptant vingt-cinq pas... Vous m'entendez bien? vingt-cinq pas... ni plus ni moins, et je vous parle de pas ordinaires, comme doit les faire quelqu'un de votre taille, qui marche sans se presser.

— Oui... oui... continuez, je vous en supplie!

— Après le vingt-cinquième pas, vous ferez halte, vous appliquerez votre main sur la muraille, à hauteur d'homme, et vous chercherez jusqu'à ce que vous sentiez sous vos doigts un anneau de fer mobile, scellé dans un joli quartier de granit.

— Ah! fit Vaubaron, et cet anneau!

— J'ignore son origine et son utilité... Il ne doit être pour vous qu'un signe indicateur... Immédiatement au-dessus du quartier de granit dont je viens de parler, se trouve une pierre carrée, percée de deux petits trous distants l'un de l'autre d'un pouce environ... Vous introduirez vos doigts dans ces trous et vous tirerez... La pierre se déplacera aussitôt, elle est mince comme une grosse brique, et démasquera une cavité peu profonde qui contient le déguisement complet, le couteau catalan, la corde et le reste... Vous prendrez le costume, vous mettrez à la place, le petit rouleau de dix louis, vous rajusterez la pierre qui masque ma cachette, et, pour peu que le diable vous protège, vous mènerez à bonne fin une entreprise bien commencée. Que dites-vous de tout cela, camarade, et croyez-vous, quand je toucherai votre argent, que je l'aurai largement gagné?

— Ah! murmura le mécanicien avec effusion, vous serez mon sauveur! Je ne sais de quoi vous êtes coupable mais, si vous avez de grandes fautes sur la conscience, il me semble que votre bonne action d'aujourd'hui doit les racheter au centuple.

Le jeune forçat se mit à rire.

— Peste, camarade! fit-il ensuite, savez-vous bien que vous parlez là tout à fait comme un honnête père de famille! Vous vous êtes trompé de vocation, je le parierais et, au lieu de la casaque du forçat, c'est la soutane du prédicateur que vous devriez porter.

Vaubaron poussa un profond soupir et ne répondit pas.

Le galérien railleur venait de le rappeler à la réalité funeste de sa situation.

Pour ses collègues du bagne, comme pour ses juges, comme pour le reste du monde, il n'était point une victime, il était un assassin!

Enfin ce bandit imberbe, qu'il nommait son sauveur, ne lui venait en aide que pour gagner quelque pièces d'or.

L'impression déchirante qu'éprouvait le mécanicien s'effaça d'ailleurs presque aussitôt.

Etre libre, pour lui, c'était le point essentiel.

Peu lui importait, après tout, de quelle façon et à l'aide de quelles complaisances vénales lui viendrait la liberté.

Après une ou deux minutes de silence, le forçat reprit :

— Maintenant, camarade, et par-dessus le marché, je vais vous donner quelques bons conseils, car vous me paraissez d'une ingénuité phénoménale en matière d'évasion, tandis que moi, moi qui vous parle, bien que je manque un peu de pratique, j'en pourrais remontrer aux vétérans du bagne en fait de théorie.

— Je le crois volontiers, répondit Vaubaron, et je mettrai beaucoup d'empressement à profiter de vos conseils.

— D'abord et avant tout, poursuivit le condamné, faites acte de patience, et ne songez à rien entreprendre avant le 25 du mois, au plus tôt.

— Pourquoi cela?

— Pour attendre le dernier quartier de la lune... Vous comprenez facilement que l'obscurité la plus profonde servira beaucoup votre fuite.

— Certes, je le comprends, et, ainsi que vous me le dites, j'attendrai.

— Ce n'est pas tout... Une fois sorti du bagne, une fois dans la ville, où vous pouvez à chaque instant vous trouver face à face avec quelque patrouille, payez d'audace et gardez bonne contenance en cas de rencontre fâcheuse. Si vous faites mine de vous sauver ou de vous cacher, vous êtes perdu... Autant vaudrait crier à tue-tête : *Je suis un forçat qui s'évade!*... On fera feu sur vous comme sur un lapin... Ça s'est déjà vu plus d'une fois.

— Mais alors, comme agir ?

Comme si vous étiez véritablement un matelot dont vous porterez le costume... Donnez-vous l'air d'un homme ivre. Marchez en festonnant, ayez l'air de trouver la rue trop étroite, et chantez d'une voix chevrotante le refrain de quelque chanson à boire. En savez-vous, camarade, des chansons à boire ?

— J'en savais, du moins autrefois.

— Eh bien, tâchez de vous en souvenir! Mordieu! ça n'est pas difficile. Au besoin il suffira de fredonner :

Vivent le vin, l'amour et le tabac!
Voilà, voilà, voilà le refrain du bivac!

— Ah! soyez tranquille, ni le sang-froid ni la présence d'esprit ne me feront défaut, si j'ai besoin de les appeler à mon aide.

— Je le souhaite pour vous très sincèrement; mais ce n'est pas tout encore... Tâchez d'être sorti de la ville et d'avoir avalé un joli ruban de chemin avant le point du jour. Marchez toujours tout droit devant vous, et ne vous arrêtez sous aucun prétexte tant que vos jambes pourront vous porter ; de cette façon, vous aurez chance d'échapper à la battue des chasseurs de forçats qui ne manqueront point de se mettre en quête, aussitôt que le coup de canon d'alarme aura retenti.

— Ah! murmura Vaubaron. Dieu me donnera de la force, et ils ne m'atteindront pas!

— Si vous êtes rejoint par un homme seul, continua le condamné, mettez-vous en défense et jouez du couteau!... Sourtout, frappez bien droit au cœur... Les cadavres ne parlent pas!...

— Tuer un homme! répliqua le mécanicien avec une horreur indicible. Jamais! jamais! Plutôt que de verser une goutte de sang, je me laisserais reprendre cent fois... je me laisserais tuer sur place!

Le jeune forçat regarda son interlocuteur avec un étonnement manifeste, puis il haussa les épaules en clignant de l'œil, tandis qu'un sourire profondément ironique se dessinait sur ses lèvres pâles.

— Ah ça! dites donc, fit-il ensuite gouailleusement, vous être encore un drôle de particulier! Savez-vous bien que ça n'est pas gentil de faire *poser* les amis? A vous entendre, on croirait que vous avez un cœur de citrouille, et que vous tombez en pâmoison rien qu'à voir saigner un poulet! Pas de ça, Lisette! on sait ce qu'on sait! Il faut renoncer à jouer ces rôles-là, mon camarade, quand on a coupé si gaillardement le cou à un vieux banquier et à sa servante!... Mes compliments d'ailleurs! l'opération était bien conduite.

— Ainsi, balbutia Vaubaron éperdu, vous croyez?...

— Tiens! cette bêtise! interrompit le forçat cynique. C'est-il, par hasard, pour avoir pratiqué toutes les vertus que vous êtes ici? Jouez le saint Vincent de Paul avec qui vous voudrez, ça m'est égal, mais pas avec moi, ça me vexe!

Le mécanicien se leva sans répondre et s'éloigna silencieusement.

Le jeune condamné le suivit et lui glissa tout bas dans l'oreille:

— Surtout, camarade, point de farce!... N'oubliez pas les dix louis que vous me devez en échange du costume, car, si vous essayez de me filouter, vous en serez le premier puni..., je vous ferai repincer dans les vingt-quatre heures, aussi vrai que je suis un bon garçon.

— Vos dix louis..., balbutia Vaubaron, ici... demain..., vous les aurez...

— J'aime encore mieux ça... pensa le condamné.

En étant payé d'avance pas de mauvaise chance à courir.

Le sifflet du garde-chiourme se fit entendre en ce moment, et les forçats se remirent au travail.

Les deux entretiens auxquels nous venons de faire assister nos lecteurs avaient eu lieu vers le commencement du mois.

Vaubaron attendit, avec la fièvre lente et continue de l'impatience, que la lune atteignît son dernier quartier, et qu'une obscurité protectrice vînt favoriser son évasion.

Enfin arriva le 25. C'est pendant la nuit du 26 au 27 que notre héros avait résolu de jouer le coup hardi qui devait ou le rendre libre, ou entourer sa captivité de nouvelles et plus terribles vigueurs.

Le 25 au soir, aussitôt après la rentrée dans les salles, le mécanicien se jeta sur son *tollard*, comme un homme épuisé de fatigue, et feignit de s'endormir d'un profond sommeil.

Bientôt le bruit égal des respirations sonores lui permit de croire que ses compagnons de captivité reposaient.

Il se souleva lentement et il regarda.

Toutes les têtes s'appuyaient sur la poutre arrondie servant de traversin; tous les yeux étaient fermés.

— Le moment est venu!... pensa Vaubaron. Que Dieu me protège!...

XXX

Le mécanicien tira de son bonnet, où il l'avait cachée, la petite fiole livrée quelques jours auparavant par le jeune forçat.

Il versa dans sa main le contenu de cette fiole et il frictionna son genou droit longuement et avec tant de force que l'épiderme se détacha presque sous ses doigts.

Cette friction si consciencieuse achevée, Vaubaron se laissa retomber en arrière et attendit avec impatience que l'effet annoncé commençât à se produire.

Son attente fut courte.

Au bout de moins d'une heure une sensation bizarre, plutôt énervante que douloureuse, se manifesta. Vaubaron crut sentir des milliers de pointes d'aiguille déchirer sa peau, mais sans pénétrer profondément dans les chairs.

Une chaleur violente, presque intolérable, succéda à cette première sensation, et fit bientôt place elle-même à un engourdissement complet.

Vaubaron n'éprouvait rien ; son genou lui paraissait mort et, malgré les efforts violents de sa volonté, il ne parvenait point à en faire mouvoir l'articulation.

Alors une terreur sans bornes s'empara de lui.

— Cet homme s'est trompé lui-même ou m'a trompé volontairement ! se dit-il. L'effet de cette liqueur est terrible, et me voilà frappé d'une paralysie peut-être sans remède !... Ah ! ceci est le dernier coup et le plus terrible, car toute chance d'évasion, tout espoir de liberté, sont à jamais perdus pour moi !

Vaubaron se hâtait trop de désespérer.

Cette inflexible rigidité qui l'épouvantait disparut rapidement, et les muscles de la transmission du mouvement reprirent leur souplesse habituelle.

Soulagé par cette consolante certitude, notre héros, dont la fatigue physique et morale était extrême, essaya vainement de lutter contre le sommeil qui s'emparait de lui.

Il s'endormit vers les trois heures du matin, et il ne se réveilla qu'au moment du coup de cloche qui met tout le monde sur pied dans le bagne.

Sa première pensée, son premier regard furent pour son genou, dont ses deux mains s'approchèrent à la fois.

Le jeune forçat n'avait point menti.

Un gonflement énorme, mais qui n'était accompagné d'aucune douleur, se manifestait.

Le développement anormal de la rotule offrait de telles proportions que le pantalon de grosse toile qui compose, avec la casaque rouge, l'uniforme des forçats, semblait tout près d'éclater, en vertu de cette loi physique qui ne permet pas au contenu d'être plus volumineux que le contenant.

Vaubaron attendit que le surveillant, chargé de détacher les chaînes fixées au *ramas* le soir précédent, fût auprès de lui.

Alors il descendit de son tollard ; mais à peine ses deux pieds eurent-ils touché le sol qu'il poussa un cri de détresse et qu'il se laissa retomber en arrière avec force contorsions et gémissements.

Le surveillant s'arrêta, leva sur le galérien la lourde canne plombée sans laquelle les agents du bagne ne marchent jamais, et demanda d'un ton brutal :

— Eh bien, qu'est-ce que c'est? qu'y a-t-il? Qu'avez-vous à geindre de cette façon comme si on vous écorchait tout vif?

— Je souffre, balbutia Vaubaron d'une voix étranglée, je souffre horriblement.

— C'est-à-dire que ce matin vous avez la fantaisie d'être dispensé de travail.., Je le comprends, mais ça ne prend pas, je vous en préviens... Allons, en marche, gibier de potence, et dépêchons-nous, sacrebleu !

— Je ne peux pas marcher, répliqua le mécanicien.

— Ah ! vous ne pouvez pas !

— Non.

— Eh bien, tâchez de pouvoir, sinon je vous avertis que vos épaules vont faire connaissance avec ma canne.

Vaubaron sembla s'efforcer d'obéir. Il se leva de nouveau et fit un brusque mouvement pour avancer ; mais, dès son premier pas, il perdit l'équilibre et, après avoir cherché en vain un point d'appui qui lui fit défaut, il battit l'air de ses deux mains et s'abattit lourdement, la face contre terre.

La chute avait été rude.

Le galérien resta sur place, complètement inanimé en apparence.

Les forçats des tollards voisins, retenus par la curiosité, faisaient cercle autour de lui, au lieu de sortir des salles pour aller au travail ainsi que le règlement l'exigeait.

Une demi-douzaine de gardes-chiourme, le bâton à la main, firent invasion au milieu des groupes,et frappèrent à tour de bras les condamnés comme des mulets indociles.

Les forçats s'enfuirent à toutes jambes.

Le corps de Vaubaron demeura isolé.

— Qu'est-ce qu'il a, celui-là ? demanda l'un des gardes-chiourme, est-ce qu'il est mort ?

— Je n'en sais, ma foi, rien, répondit le surveillant, j'ai cru qu'il *me montait un comtois* (1) en se prétendant malade. J'ai voulu le faire marcher tout de même, et il est tombé sans connaissance.

Vaubaron fit un léger mouvement.

— Tiens, dit le garde-chiourme, il n'est pas mort... il remue.

Le mécanicien fut relevé et étendu sur le tollard. Presque aussitôt il ouvrit les yeux et poussa un profond soupir.

— Ah çà ! voyons, numéro 280, c'était donc sérieux ? s'écria le surveillant.

— Ah ! que je souffre ! mon Dieu, que je souffre ! balbutia Vaubaron.

— C'est convenu... mais d'où souffrez-vous ?

— Regardez... répondit le malheureux.

En même temps il désignait sa jambe droite.

— Ah ! sacrebleu ! fit le garde-chiourme, voilà tout de même une drôle de chose ! Le diable m'emporte s'il n'a pas le genou plus gros qu'un boulet de vingt-quatre !

Vaubaron poussait des plaintes sourdes et semblait près de s'évanouir de nouveau.

(1) En argot : *Tenter une tromperie.*

— Vous avez vraiment bien tort de vous plaindre... reprit le surveillant. Ce qui peut vous arriver de pis c'est qu'on vous coupe la jambe, et ça vous dispensera du travail... Quand on est bonnet vert comme vous, on n'a pas besoin de ses deux jambes... elles ne sont qu'un embarras... A votre place, je serais dans la joie.

— Hélas ! balbutia Vaubaron, la douleur augmente encore !... Elle me tue ! je vais mourir...

— Ah ! bah ! laissez-donc ! interrompit le garde-chiourme, on ne meurt pas comme ça pour si peu de chose... Vous ne vivrez que trop longtemps.

Puis il ajouta, en s'adressant au surveillant :

— Je vais envoyer deux condamnés et une civière pour transporter ce *plaignard*-là à l'infirmerie.

Quelques minutes après ces répliques échangées, Vaubaron, étendu sur un brancard recouvert d'un maigre matelas, faisait son entrée dans une des salles destinées à recevoir les forçats malades.

Par un hasard extrêmement favorable à la réalisation des projets de notre héros, cette salle ne contenait que quatre lits, qui étaient tous inoccupés en ce moment, sauf celui de l'infirmier.

Vaubaron fut dépouillé de ses vêtements et couché, puis on alla prévenir le médecin de service.

Ce dernier, praticien expérimenté cependant, ne comprit rien à la nature du mal, et, se voyant dans l'impossibilité d'expliquer d'une façon satisfaisante le phénomène physique qui s'offrait à lui pour la première fois, il réclama la coopération d'un collègue, lequel passait à bon droit pour le plus habile chirurgien de Brest.

Ce collègue questionna Vaubaron.

— Êtes-vous sujet à de semblables gonflements ? lui demanda-t-il.

— Jamais rien de pareil ne m'est arrivé... répondit le condamné.

— Avez-vous reçu récemment quelque contusion violente au genou ?

— Aucune.

— Vous n'avez pas fait de chute ?

— Non, monsieur.

— Depuis combien de jours la tumeur que voici existe-t-elle ?

— Depuis cette nuit.

— Eh quoi ! elle ne se manifestait point antérieurement ?

— Non, monsieur.

— Même d'une façon partielle ?

— Mon genou droit, il y a quelques heures, n'était pas plus enflé que le gauche.

— Ainsi donc, vous avez travaillé hier comme de coutume ?

— Oui, monsieur.

— Sans fatigue et sans douleur.

— Oui, monsieur.

— Cette nuit, avez-vous souffert ?

— Beaucoup.

— En ce moment la douleur est aiguë.

Le chirurgien appuya l'un de ses doigts sur le genou tuméfié, qui, tout marbré de taches jaunes, vertes et d'un rouge sombre, présentait un aspect hideux et effrayant.

Vaubaron poussa un cri ou plutôt un rugissement formidable, que répétèrent pendant plusieurs secondes les échos des salles voûtées.

En même temps il se tordait sous le simple attouchement du docteur, comme un serpent qu'on jette au milieu d'un brasier.

Les deux collègues se regardèrent en hochant la tête et s'éloignèrent de quelques pas.

— C'est grave ! dit le chirurgien du bagne.

— Oh ! très grave ! répondit l'autre.

— Cette tumeur sans cause apparente, prenant en une nuit de si prodigieux développements, et affectée d'une sensibilité si grande, pourrait bien jouer, d'une heure à l'autre, un mauvais tour à ce pauvre diable.

— J'en ai peur.

— D'autant plus que le genou me paraît offrir dès à présent des caractères gangreneux, sur lesquels je me permets d'appeler toute votre attention, cher collègue.

— Cher collègue, j'allais les signaler à la vôtre.

— Si la gangrène se développe et gagne la cuisse, elle gagnera le corps, et l'homme est perdu... C'est mon intime conviction ; hâtons-nous donc de l'arrêter pendant qu'il en est temps encore peut-être... Faisons la part du feu... sacrifions un membre pour sauver le patient... coupons la jambe et coupons-la vite... Qu'en dites-vous ?

— C'est mon avis absolument, et je suis heureux que ce soit aussi le vôtre... Coupons la jambe...

FIN.

L'épisode qui termine LA VOYANTE porte le titre de :

L'AGENCE RODILLE ET Cie

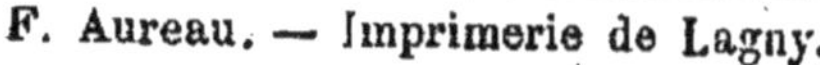

F. Aureau. — Imprimerie de Lagny.

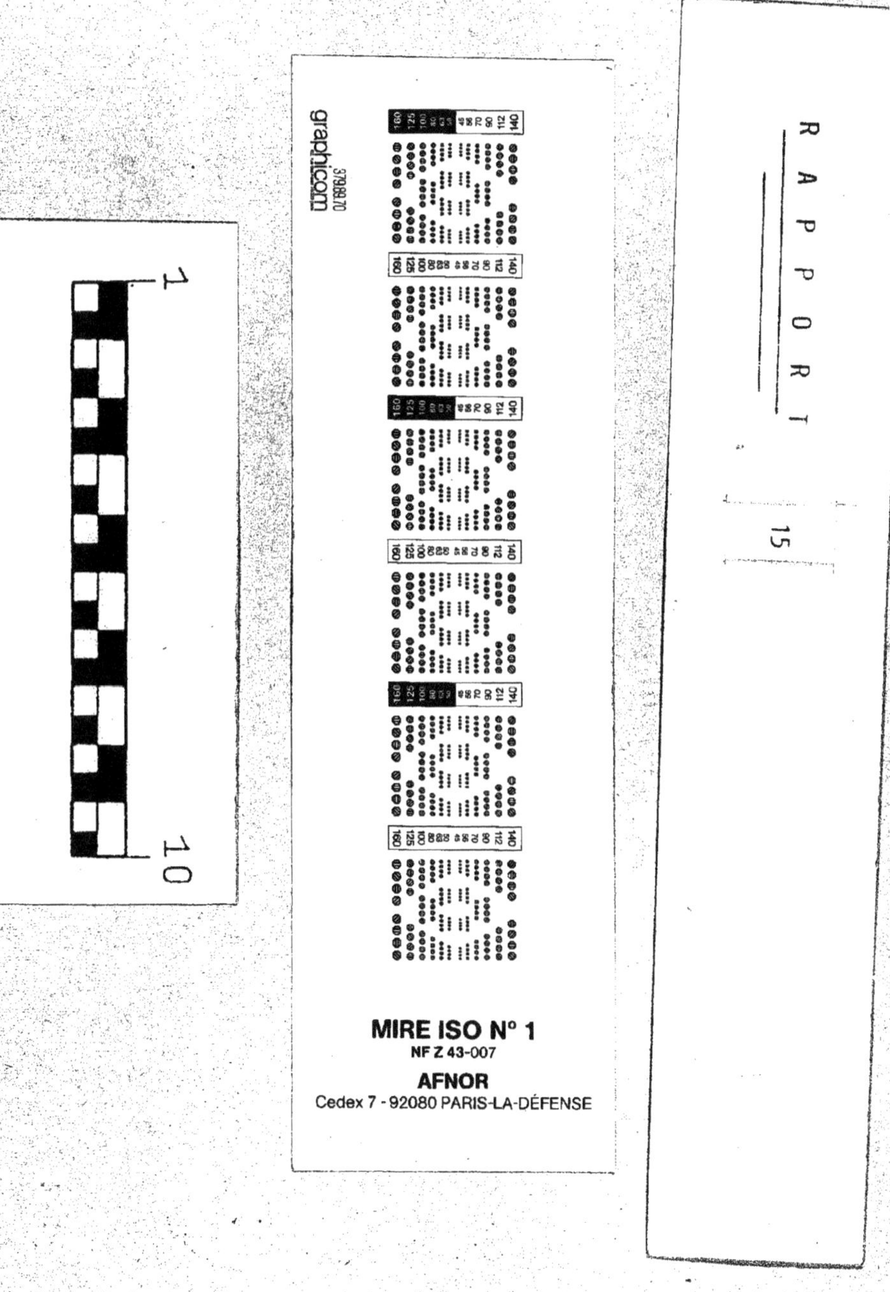
MIRE ISO N° 1
NF Z 43-007
AFNOR
Cedex 7 - 92080 PARIS-LA-DÉFENSE
RAPPORT
15
1
10

www.ingramcontent.com/pod-product-compliance
Lightning Source LLC
LaVergne TN
LVHW020609110826
845149LV00002B/422

9782011879547